문득 떠오른
내 아이디어
돈이 될 수
있을까?

문득 떠오른 내 아이디어 돈이 될 수 있을까?

돈을 버는 생각의 기술

구정민 · 김기환 지음

포르*케

자라면서 누구나 한 번쯤 전구를 발명한 미국의 발명가 '토마스 에디슨Thomas Alva Edison'의 이야기를 책에서 읽어보았을 것이다. 남들이 보기에 유년기의 에디슨은 어딘가 좀 모자라고 별난 아이였다. 그는 상상력이 풍부하고 호기심이 많아 기발한 행동을 하곤 했는데, 창의력을 바탕으로 한 에디슨의 남들과 다른 생각은 세상을 풍요롭게 바꾸는 데 많은 영향을 주었다. 그의 아이디어 하나로 우리가 밤에도 세상을 밝게 누릴 수 있게 된 것이다. 이렇듯 전구의 발명은 우리 삶의 질을 바꿔 놓았다. 때로는 누군가의 엉뚱하고 남다른 생각으로 인해서 세상이 풍요롭게 변하기도 하고 산업의 패러다임이 뒤바

뛸 수 있다. 현대 사회에서는 누군가의 생각, 누군가의 아이디어 하나가 세상을 이끌어나갈 수 있는 가장 중요한 요소가 되었다. 과거에는 기술 부족 때문에 머릿속으로 상상한 제품을 그대로 개발해내기가 쉽지 않았다. 하지만 4차 산업혁명 시대가 도래한 이후로 누구나 상상한 모양을 3D 프린터를 이용해서 저렴한 비용으로 빠르게 시제품을 만들어 볼 수 있게 되었고, 좋은 아이디어를 세상에 먼저 공개하고 크라우드 펀딩crowd funding을 받아 사업자금이 없어도 스타트업을 쉽게 시작할 수 있는 시대로 변했다.

그러나 기술의 발전이 긍정적인 효과만 불러오지는 않았다. 기술이 점점 발전하고 세상이 변화함에 따라 기존에 인간이 가졌던 직업들이 사라지고 있다. 이 시대를 살아가기 위해서는 인간도 변해야한다. 많은 사람들이 여전히 전통적인 자기계발 영역이었던 외국어 공부나 기타 자격증에 매달리며 시간을 투자하고 있지만, 4차 산업 혁명의 여파를 견뎌내기에는 역부족이다. 남들과 비슷하거나 똑같은 역량이 아닌 나만의 차별화된 역량이 필요한 시대가 되었다.

사람들의 외모가 각기 다른 것처럼 우리의 생각과 사고하는 능력은 각자 다르다. 똑같은 사물이나 현상을 보고 비슷하게 생각하는 이들도 있지만, 분명히 다른 관점으로 남들이 보지 못하는 부분을 보는 사람들도 있다. 누구나 한 번쯤 이런 생각을 해보았을 것이다. 문득 떠오른 좋은 아이디어로 돈을 벌 수 있을까? 이런 제품을 만들어서 사업을 할 수 있지 않을까? 이런 컨셉의 아이디어로 상품을 만들어 볼 수 있지 않을까? 하지만 대부분의 사람들이 자신만의 아이디어를 그저 생각만 하는 단계에서 멈춘다. 어떻게 아이디어를 발전시키고 구체화하는지 몰라서 현실화하지 못하는 것이다. 나도 처음에는 남들과 똑같았다. 문득 아이디어가 떠오를 때면 의욕은 앞서는데 무엇을 어떻게 해야 할지 몰랐다. 초기 컨셉으로 괜찮은 아이디어를 생각했지만 이후에 실생활에서 사용할 수 있는 수준의 구체화를 도무지 할 수가 없었다. 그렇게 수많은 시행착오를 겪고 특허를 출원하고 시제품도 제작해보는 경험을 쌓으며 어떻게 아이디어를 구체화하고 사업화할 수 있을지 알게 되었다. 그렇게 십 년 이상 같은 과정을 반복하며 노하우를 축적해왔다.

개인이 가질 수 있는 경험이나 지식이 한정적이다 보니 특정 분야에서는 나보다 훨씬 쉽게 좋은 생각을 내고 반짝이는 아이디어를 만드는 사람들이 있다. 이처럼 누군가의 자라온 환경이나 경험을 기반으로 한 상상력은 각자의 개성을 지니고 있다. 모두가 아이디어를 낼 수 있는 능력을 가지고 있다. 다만 그것을 어떻게 발전시켜야 할지 모를 뿐이다. 그들에게 나의 노하우를 공유해서 세상을 풍요롭게 만들고, 한 단계 발전시키는 데 내 지식과 경험이 도움이 되면 좋겠다는 생각으로 책을 썼다.

이 책은 당신의 반짝이는 아이디어를 구체화할 수 있도록 기본적이면서도 많이 사용되는 방법을 정리해 소개했다. 또한 기존의 아이디어 개발 책들이 너무 어렵게 표현하고 있는 것을 보완하고 누구나 쉽게 이해할 수 있도록 저자의 발명 사례와 세상에 널리 알려진 제품들의 다양한 사례를 소개하고 있다. 더욱 직관적으로 쉽게 이해할 수 있도록 아이디어를 내고 발전시키며 제품으로 구체화하는 과정들을 각 사례별로 그림을 통해 설명했다. 또한 이 책은 아이디어를 사칙연산처럼 쉽게 낼 수 있도록 고안한 REAMS 기법을 소개하고, 실생활에서 적용할 수 있는 구체적인 방법을 함께 제시한다. 그 아이디어를 구체화하고 스스로 검증할 수 있는 방법을 설명하기 위한 그림 활용법을 소개한다. 남녀노소 누구나 이 책을 읽으면 창의력의 저변을 넓힐 수 있다. 특히 사회적 경험과 지식이 어느 정도 쌓여 있으면서, 뭔가 새로운 것을 해보고자 하는 의욕이 강한 3,40대들이 이 책을 통해서 자신의 커리어를 높이고, 만들어낸 아이디어로 사업을 시작해 인생 2막을 여는 데 도움이 되길 기원한다. 꼭 유튜브가 아니어도 당신의 돈 버는 취미가 특허가 될 수 있다.

매우 투박했던 원고 초안이 세상에 나올 수 있도록 발굴해주신 포르체 박영미 대표님과 이수빈 편집자께 감사의 말씀을 드린다. 또한 원고를 쓸 때 서재에서 몰입할 수 있도록 물심양면으로 도와준 가족들에게 감사의 말씀을 전한다.

2019년 9월
구정민, 김기환

차례

프롤로그   4

제1장
아이디어를
만드는 전략,
REAMS

인간 최후의 능력은 창의력이다 **15**

세상을 놀라게 한 빅히트 아이디어 **19**

아이디어로 가는 가장 빠른 길,
REAMS **26**

문제 해결 과정 만들기 **33**

Tip. 사물을 쪼개고 이름 붙이기 **37**

불필요한 부분은 과감하게 제거하라:
Remove **39**

좋아 보이는 다른 것과 바꿔라:
Exchange **47**

상상을 더하라: Add **55**

재료를 바꿔라: Change Material **64**

모양을 바꿔라: Change Shape **73**

세상을 열광하게 한 발명품의 원리 **81**

제2장

반짝이는
아이디어를
발견하는
방법

좋은 아이디어를 위한 능력 99

　일상을 자세히 보는 관찰력 100

　새로운 것에 대한 호기심 103

　현재를 벗어난 상상력 106

　구체적으로 설명하는 표현력 108

　지금부터 실천하는 실행력 111

생활 속에서 돈이 되는 아이디어를
발견하는 방법 115

　오픈 마인드를 가지기 위해서
　노력하자 116

　불편함을 다르게 바라보자 121

　테마를 정해 해결하고자 하는
　문제 리스트를 만들어보자 122

　새로운 경험을 나눠줄 수 있는
　사람들을 만나자 125

REAMS를 활용한 문제 해결 노하우 **130**

개선하고자 하는 대상을
부분별로 분리하고 정의하라 **132**

당신만의 아이디어 블록을
만들어라 **135**

고객가치 중심의 아이디어가
곧 돈 버는 생각이다 **140**

제3장

**아이디어
정리의 기술,
그림과 메모**

왜 그림인가? **149**

쓰레기 압축 장치 **152**

Tip. 특허를 만드는 아이디어 메모 165

휴대용 골프채 소독 장치 **168**

USB도어락 **173**

스노우 모빌 **177**

조립식 작물 하우스 **181**

친환경 가로수 **186**

에어팟 **190**

미라클 몹 **194**

보아 시스템 **198**

부록

특허 출원
실전!

당신의 아이디어를 특허 출원하라 207
명세서 작성법 212

에필로그 227

제1장

아이디어를 만드는 전략, REAMS

인간 최후의 능력은 창의력이다

4차 산업 혁명으로 인해 사람이 할 수 있는 일이 갈수록 사라져 갈 것이라는 전망이 지배적이다. 인간이 하고 있는 대부분의 일을 기계가 대체할 수 있다는 것이다. 그렇다면 기술의 발달 속에서 인간만이 할 수 있는 일에는 무엇이 있을까? 인간의 편리성을 높이기 위한 기술의 개발이 역설적이게도 인간의 직업을 제한적으로 만드는 것 같이 보인다. 즉 인간이 편해질수록 인간이 선택할 수 있는 직업은 줄어들게 되는 딜레마 상황이 펼쳐진 것이다. 먼 미래에는 인공지능과 로봇이 인간을 대체할지도 모른다.

인간만이 할 수 있는 일과 인간만이 가질 수 있는 능력에는 어떤 것이 있을까?

　여기서 인공지능과 기계의 한계점을 먼저 짚어보고자 한다. 미래에 사라질 것으로 예상되는 직업들의 특징을 살펴보면 공통점이 있다. 바로 일정 기간 동안 축적된 경험과 학습된 지식을 바탕으로 반복적으로 수행하는 일이라는 점이다. 인공지능과 기계의 한계가 바로 이 지점에 있다. 인공지능과 기계가 할 수 있는 작업은 반복적으로 학습된 경험과 지식에 의존한다. 미래에 사라지지 않을 것으로 예상되는 직업을 살펴보면 '소설가, 시나리오 작가, 시인, 발명가, 기획업종 종사자' 등이 있다. 이 직업들이 하는 일을 수행하기 위해서 필요한 인간의 역량이 바로 창의력이다. 결국 창의력은 인간의 최후의 능력이자 인공지능과 기계가 범접할 수 없는 인간만의 고유한 영역이라고 정의할 수 있다.

　혹자는 인공지능도 창의력을 발휘할 수 있다고 주장하기도 한다. 이것은 인간의 창의력이 다방면의 지식을 응용한 것에서부터 나온다는 생각에서 비롯된 논리다. 지금은 인터넷의 발전으로 이미 웹 상에 공유된 다양한 지식을 수월하게 응용하여 아이디어를 만들 수 있다. 하지만 지식이 널리 공유되지 않던 시기에 등장한 획기적인 발명품들을 생각해보면 창의력은 결코 습득된 지식의 응용이 아니라는 사실을 알 수 있다. 결국 획기적인 아이디어를 만들어내는 창의력은 인간만이 가진 고유한 능력이라고 말할 수 있다. 이 창의력을 자신만의 무기로 키워간다면, 인공지능을 위시한 신기술의 발전으로부터 자신의 위치를 지킬 수 있을 것이다. 인간만이 가질 수 있는 최후의 능력, 그것이 바로 창의력이다.

그렇다면 이 창의력은 어떻게 기를 수 있을까? 창의력이 뛰어난 사람들은 타고난 것일까? 물론 태생적으로 창의력이 탁월한 사람도 있다. 하지만 창의력은 연습과 노력으로 충분히 향상시킬 수 있다.

#idea

창의력을
자신만의 무기로 키워간다면,
인공지능을 위시한
신기술의 발전으로부터
자신의 위치를 지킬 수 있을 것이다.
인간만이 가질 수 있는 최후의 능력,
그것이 바로 창의력이다.

세상을 놀라게 한 빅히트 아이디어

본격적으로 창의력을 향상시키고 아이디어를 내는 방법론을 소개하기 전에, 세상을 놀라게 한 아이디어들이 어떻게 탄생되었는지 실제 제품을 예시로 설명하고자 한다.

언론이나 광고를 통해서 보듯이 최근 들어 다양하고 기발한 아이디어 제품들이 출시되고 있다. 단순하고 쉬운 원리로 이루어진 것도 있어서 '이 정도면 나도 하겠는데?' 싶은 생각이 들기도 한다. 그러나 이런 새로운 아이디어 제품들로 인해서 시장의 판도가 바뀌거나 기업들의 존폐가 결정되기도 한다. 포드가 자동차를 대량 생산하기 시작하면서 미국 산업의 구조가 크게 변화했다. 길거리에서 마차가 없어지고 그 자리를 자동차가 대신하게 되었다. 가까운 과거를 살펴보면 스마트폰의 발명으로 노키아나 모토로라 같은 기존의 통신 시장 강자들이 순식간에 몰락했다. 이런 제품들처럼 기존의 지식을 활용하거나 다른 분야의 기술과 아이디어를 접목한 새로운 것들이 연일 쏟아져 나오고 있다. 이러한 제품에는 어떤 것이 있을까? 다양한 아이디어 제품을 접하다 보면 새로운 아이디어를 떠올릴 영감을 얻는 경우가 많으니 주의를 기울여 살펴보자.

엘지 스타일러

간단한 원리를 결합한 아이디어 상품인 스타일러

엘지 스타일러는 2011년 처음 등장한 이래로 현재까지 패셔니스타들의 호평을 받고 있는 혁신적인 제품이다. 한 번 입고 외출한 옷을 세탁할 필요 없이 긴 시간 깨끗하게 유지할 수 있어서 사용자들의 긍정적인 평가를 받고 있다. 수증기를 쐬면 옷의 주름이 펴지는 원리와 손으로 옷을 털어서 깨끗하게 하는 동작을 기계가 수행하도록 개발되었다. 옷의 먼지를 터는 동작은 옷걸이 부분을 좌우로 흔드는 기계구조로 구현하고, 상자형 몸체 내부에 수증기를 뿜어내는 배출구를 구비해 옷의 주름을 편다. 일상생활에서 발견한 원리를 기계적으로 결합해서 하나의 제품으로 만든 좋은 아이디어 상품이다. 최근 미세먼지와 같은 외부 오염물질로 인해 밖에 나갔다 온 뒤, 입고 나갔던 옷을 어떻게 처리할 수 있을지에 대한 관심이 높아지고 있다. 현실적으로 한 번 입은 옷을 매일 빨거나 세탁소에 맡길 수가 없는데, 스타일러의 살균 기능을 사용하면 간편하게 새 옷처럼 만들 수 있다. 이로 인해 최근 몇 년 사이 판매량이 급격하게 증가하며 필수가전의 자리를 넘보고 있다.

날개 없는 선풍기

기존의 기술을 결합해 새로운 것이 된 날개 없는 선풍기

2009년 다이슨에서 최초로 개발했고, 지금은 많은 회사에서 만들어 판매 중인 제품이다. 날개가 없지만 선풍기와 비슷한 세기의 바람을 만들어낼 수 있어서 많은 사람들의 호기심을 자극했다. 이 아

이디어는 비행기에서 사용되는 주요 기술들을 적절하게 조합해 완전히 새로운 것을 만들어낸 경우에 속한다.

날개 없는 선풍기는 소형 날개를 기둥 안에 내장한 제트엔진의 원리로 공기를 흡입하여 상부의 원형 고리로 배출해서 바람을 만든다. 원형 고리 또한 비행기의 날개 모양을 응용한 단면 구조로 되어 있어서 고리 내부에서 배출되는 바람의 속도가 빠르게 증가하여 강한 바람을 만들어낼 수 있다.

부착식 스마트폰 링

IDEA

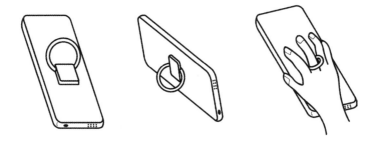

간단한 구조로 쉽게 잡을 수 있고 거치가 가능한 스마트폰 링

스마트폰의 전체 크기와 터치 스크린이 커지면서 손으로 잡을 수 있는 부분이 많이 줄어들었다. 손이 작은 사람은 한 손으로 들기가 버거운 경우도 있다. 이런 이유로 대부분 스마트폰의 가장자리를 잡게 되는데, 이 불안정함을 간단한 부착식 링 구조로 해결한 아이디

어 제품이다. 스마트폰으로 영상을 보는 경우가 많은 점을 감안하여 일정 각도로 휴대폰을 세워서 링을 유지할 수 있는 기능도 포함하고 있다. 간단하면서 상당히 실용적인 아이디어라고 할 수 있다.

링 클리퍼

익숙한 핀셋 구조로 만든 링 클리퍼

링 클리퍼(코털깎이)는 소비자들로부터 상당한 호평을 받고 있는 아이디어 제품이다. 기존의 코털깎이는 작은 가위 또는 날이 회전하는 전동기 방식이었는데, 이 제품은 특이하게 핀셋의 끝에 달린 원형 칼날을 이용하여 코털을 자르는 구조로 되어 있다. 원형 링 안쪽 부분에 칼날이 있어서 사용하기에도 안전하며 작은 크기로 휴대성이 뛰어난 점 등 장점이 많은 제품이다. 핀셋에 원형 칼날을 결합한 점에서 창의적이라고 할 수 있다.

무풍 에어컨

아주 작은 구멍으로 바람의 속도를 줄인 무풍에어컨

한동안 이슈가 되었던 삼성전자의 최신 히트 제품이다. 기존의 에어컨은 차가운 바람을 직접적으로 내뿜어서 사람들에게 불편함을 주는 경우가 있었다. 이 문제를 해결하기 위해서 에어컨의 냉기가 나오는 곳에 아주 작은 크기의 수많은 구멍을 뚫고 그곳을 통해 약한 바람이 나오게 만들었다. 커피를 내릴 때 주전자에서 빠른 속도로 떨어지던 물이 필터를 거치면 작은 물방울이 되어 천천히 떨어지는 것처럼 작은 구멍을 통해서 나온 바람은 속도가 줄어서 거의 느껴지지 않게 된다. 사람들이 느끼는 불편함을 포착해 그것을 훌륭하게 해결한 사례 중 하나다.

토끼모자

지난 겨울, 선풍적인 인기를 끌었던 히트 상품이다. 시원한 소

공기로 귀를 세우는 토끼모자

재로 여름 버전의 모자가 나오기도 했다. 이 모자는 토끼 귀 부분에 공기 주머니가 들어 있어서 모자의 바깥쪽에 있는 손잡이를 누르면 공기가 들어가며 귀가 솟아오르게 된다. 혈압을 잴 때 팔을 압박하는 공기 주머니와 비슷한 원리다. 쉽게 설명하자면 밀폐된 공간에 일정한 공기를 넣고 한쪽에 힘과 압력을 가해서 반대쪽 공간으로 공기들을 순간적으로 모두 이동 시키는 원리를 사용한 것이다. 아래 손잡이를 사용자가 꽉 쥐면 반대편 공간으로 공기들이 모두 이동하면서 토끼의 귀가 올라서게 된다. 아주 간단한 원리와 적은 비용을 들여 큰 히트를 친 대표적인 상품이라고 할 수 있다.

아이디어로 가는 가장 빠른 길,
REAMS

아이디어를 만들기 위한 다양한 전문적인 이론이 있다. 널리 알려져서 많은 사람들이 사용하고 있는 브레인스토밍brainstorming부터 맥킨지식 문제 해결 방법론으로 유명한 로직트리Logic Tree, MECE 분석까지 문제 해결을 위한 여러 아이디어 방법론이 존재한다. 우리는 이미 이런 방법들을 많이 접해 왔으며, 실제로 사용하고 있기도 하다.

아이디어 방법론 중 가장 대표적인 것이 바로 '트리즈TRIZ'다. 트리즈는 러시아의 과학자이자 발명가인 겐리흐 알트슐레르Gentrich Altshuller가 만든 이론으로 수만 건의 특허를 분석해서 발명의 원리,

즉 아이디어를 만들어내는 원리를 찾아내 정리한 것이다. 그렇다 보니 특허 전문가와 기업의 연구개발 실무자들에게 의무 교육처럼 전파될 정도다. 최근 많은 대기업에서도 사내 교육 과정 중 하나로 트리즈 과정을 개설하고 있고, 따로 사내 블로그를 운영할 정도로 큰 관심을 기울이고 있다.

트리즈 이론은 '40가지 발명 원리'와 문제의 핵심을 분석하고 해결방안(트리즈에서는 답의 개념인 '해'로 표현한다)을 찾아내기 위한 '아리즈ARIZ'로 구성되어 있다. 트리즈는 전문적으로 공부하고 연습한다면 아이디어를 생성하는 강력한 도구가 될 수 있다. 하지만 분명한 한계점도 가지고 있다. 이 이론은 기존에 있던 발명을 분류하고 분석해 원리를 찾아내어 정리한 것이므로, 이미 만들어져 있는 것을 분석한 결과론적 이론이라는 점이다. 때문에 트리즈에 익숙하지 않은 사람이 실제로 문제를 해결하기 위해 적용해보면 답을 만들어 내기가 결코 쉽지 않다. 다시 말하자면 트리즈는 그 원리를 이해하고 사용하기까지 상당한 숙련 시간을 필요로 한다. 트리즈의 이론 중 그나마 수월하게 사용해볼 만한 것은 40가지 발명의 원리다.

그러나 막상 40가지 발명 원리를 이용해서 아이디어를 만들어 보려고 해도 한계에 부딪친다. 발명의 원리가 한 두 가지가 아니다 보니 외우기 쉽지 않기 때문이다. 또한 매번 문제를 해결할 때마다 이 40가지 원리를 보면서 하나씩 대입해보는 것도 결코 간단한 일이 아니다. 실제로 트리즈를 십 년 이상 사용하고 있지만 바로 적용할 수 있는 것은 기껏해야 10가지 정도의 발명 원리다. 40가지 발명 원리들도 하나하나 뜯어서 보면 너무 어렵거나 잘 와닿지 않는 것들이 있다. 이런 이유로 실무에서 적용할 때 어려움이 생기는 것이다.

아이디어 생성을 위한 다른 이론들 또한 트리즈와 마찬가지로 이미 나와 있는 결과를 분석하여 짜맞추기식으로 만들어져 있는 경우가 많다. 그래서 실제로 아이디어를 만들기 위해서 사용하면 벽에 부딪히게 되는 것이다

이에 그동안의 특허 관련 경험을 바탕으로 최대한 간단하게 적용이 가능한 아이디어 도출 방법을 개발했다. 트리즈의 발명 원리는 40가지이지만 이 원리는 단 5가지다. 다년간의 실무를 통해서 경험해본 바에 따르면 이 5가지 원리를 사용하면 아이디어가 필요한 문제의 80% 이상을 해결할 수 있다. 5가지 정도는 누구나 손쉽게 외우고 이해하고 익혀서 자유자재로 사용할 수 있을 것이다.

이 아이디어 도출 방법의 이름을 'REAMS'로 명명했다. 문제해결 혹은 아이디어 생산을 위해서 가장 많이 쓰이는 방법들로서 제거, 대체, 추가, 재료, 모양에 관한 것으로 이루어져 있다. 수학의 방정식처럼 이 5가지를 아이디어 도출의 기본 틀로 이해하고 다양한 문제에 적용한다면 해결 방법을 상대적으로 수월하게 생각해낼 수 있을 것이다.

REAMS의 정의는 다음과 같다.

Remove - 불필요한 부분은 과감하게 제거하라

기존의 제품이나 사물을 구성하고 있는 각 부분들을 하나씩 제거해 보는 방법이다. 구성품들을 하나씩 제거해보면 원래의 속성(기능, 성능)을 유지하면서도 무게나 부피가 줄어들어 구성이 단순해질 수 있다. 구성이 단순해지면 유지 보수가 쉬워지고, 제작할 때 필요한 부품이 줄어드는 만큼 재료비도 줄어들게 된다. 이는 곧 손상을 입을 수 있는 구성품을 줄이게 되므로 내구성의 증가로 이어진다. 무게가 줄어드는 것도 휴대가 편해지고 운반이 쉬워지므로 큰 장점이 될 수 있다. 불필요하다고 생각되는 것을 과감하게 제거해보라. 빈 자리를 채우는 새로운 아이디어가 떠오를 수 있다.

Exchange - 좋아 보이는 다른 것과 바꿔라

우리 주변에는 훌륭한 발명품들이 많다. 이것들이 가지고 있는 장점과 핵심적인 부분을 가지고 와서 지금 아이디어로 만들려고 하는 아이템의 일부분으로 대체해보는 방법이다. 이렇게 하면 성능이 향상되거나, 새로운 기능이 생길 수 있다. 그러므로 새로운 목적에 사용할 수 있는 아이디어가 나올 가능성이 생긴다. 또한 동일한 기능을 하지만 더욱 저렴하고 내구성이 좋으며 가벼운 부분으로 대체를 하면 사업적인 측면에서 제품 경쟁력을 향상시킬 수도 있다. 이 방법은 유연하고 개방적인 사고를 바탕으로 한다. 더 좋은 것, 더 나은 것과 바꿔 아이디어를 업그레이드하기 위한 방법을 늘 생각하라.

Add - 상상을 더하라

Exchange, 즉 다른 좋은 부분과 바꾸는 것과 유사해 보이지만 차이가 있다. 기존 상태를 유지한 채 새롭고 기발한 것을 추가하기 때문에 원래 가지고 있던 기능과 더해져 시너지 효과를 기대할 수 있다. 주변에 있는 발명품의 좋은 부분을 더하거나 다른 물건 자체를 더해도 된다. 이 역시 이전에 없던 새로운 기능을 개발하거나 새로운 환경과 목적에 사용할 수 있는 아이디어를 만드는 방법 중 하나이며, 현장에서 가장 많이 사용되는 발명 원리다. 어떤 것을 더해야 이 아이디어가 발전될 수 있을지 마음껏 상상해보라. 터무니없어 보이는 것이라도 그것이 내 아이디어를 어떻게 바꿀 수 있을지 아무도 모른다.

Change Material - 재료를 바꿔라

우리 주변의 물건들은 다양한 소재의 재료를 바탕으로 만들어져 있다. 유리, 플라스틱, 철, 알루미늄, 나무, 고무 등 탄성과 경도 등이 모두 다른 것들이다. 이런 재료들을 아이디어를 통해 만들어낼 제품의 각 부분을 구성하고 있는 재료와 바꿔보는 것이다. 바꾼 재료에 따라서 이전보다 무게가 감소하거나 내구성이 증가하거나, 또는 예상하지 못했던 새로운 기능이 생기기도 한다.

Change Shape - 모양을 바꿔라

제품이나 사물을 구성하는 각 부분의 모양을 바꾸는 방법이다. 전체적인 모양을 바꿔도 좋다. 삼각형, 원형, 사각형, 별모양 등 바꿀 수 있는 형태는 다양하다. 당장 마땅히 대체할 만한 좋은 모양이 떠오르지 않는다면 주변에 있는 물건의 모양을 따라해도 된다. 이렇게 모양을 바꾸면 원래의 복잡하던 것이 단순해져서 내구성이 증가하거나 휴대성이 높아지며 새로운 기능이 생기기도 한다. 그리고 무엇보다 잘 바꾼 모양은 디자인적으로 심미성을 높이므로 상품으로서의 가치도 올라간다. 어떤 물건도 고정적인 형태로 바라보지 말고, 적용 가능한 새로운 모양을 생각하라.

이 5가지의 방법은 적용이 쉽고 빠르기에 아이디어가 필요한 모든 작업에 많이 사용되는 원리이다. 상품 개발처럼 물성을 가진 것들에만 적용이 가능한 것이 아니라 무형의 아이디어, 기획에도 충분히 활용할 수 있다. REAMS를 적용하면 보다 쉽고 단순하게 당면한 문제를 해결할 수 있다. 하지만 원리 그 자체만으로는 아이디어를 만들기가 쉽지 않다. 그렇다면 어떤 작업이 더 필요할까?

#idea

아이디어 도출 방법의 이름을
'REAMS'로 명명했다.
문제해결 혹은
아이디어 생산을 위해서
가장 많이 쓰이는 방법들로서
제거, 대체, 추가, 재료,
모양에 관한 것으로 이루어져 있다.

문제 해결 과정 만들기

대부분의 아이디어는 문제를 해결하고자 하는 과정에서 만들어진다. 따라서 먼저 문제를 정의하고 이 문제의 근본원인을 파악한 후 아이디어 도출 방법을 적용해야 한다.

이 과정을 간단하게 아래와 같이 정리할 수 있다.

문제의 발견

먼저 문제를 정확하게 파악하는 것이 중요하다. 여기서 문제는 내가 원하는 목표를 달성하기 위해서 필요한 조건이며 이것이 곧 목표가 된다. 목표가 명확해야 얻고자 하는 답에 가까운 아이디어를 생각해낼 수 있다. 문제를 정확하게 찾기 위해서는 먼저 현재의 상황을 자세히 파악해야 한다. 아래의 간단한 예를 보자.

상황 당신은 필통에 연필과 지우개를 넣고 다닌다. 그리고 매일 다양한 장소에서 연필을 사용해 글을 쓰고 있다. 글을 쓰기 전 연필과 지우개를 필통에서 꺼내어 책상에 올려놓는데 간혹 글씨를 틀려서 지우개를 찾을 때마다 한눈에 찾기 어렵다.

이 경우 문제는 '지우개를 찾기 어렵다.'이다. 따라서 아이디어의 목표는 '지우개를 쉽게 찾을 수 있게 하는 방법'이 된다.

문제 지우개를 찾기 어렵다.

목표 지우개를 쉽게 찾을 수 있게 하는 방법

Why를 이용한 근본원인 파악

앞에서 발견한 문제의 원인을 파악하는 단계다. 이때 널리 알려져 있는 기법인 5 Why를 활용해보자. 5 Why 기법은 근본원인을 찾을 때까지 왜? 라는 질문을 계속하는 것이다. 보통 5번 이하의 왜? 를 반복하면 문제의 근본원인을 찾을 수 있다. 근본원인을 찾아가다 보면 보통 해결이 간단한 문제가 남게 되어서 아이디어를 생각해내기가 쉬워진다. 따라서 다음 단계인 REAMS를 이용한 아이디어 도출 단계에서도 쉽게 아이디어를 생각해낼 수 있다. 아래는 앞에서 파악한 문제의 원인을 찾는 예시다.

문제 지우개를 찾기가 어렵다.

왜? : 지우개와 연필을 따로 책상에 놓는다.

왜? : 지우개와 연필은 따로 떨어져 있다. (근본원인을 찾았다)

근본원인 지우개와 연필이 따로 떨어져 있다.

REAMS를 이용한 아이디어 도출

이제 앞의 단계에서 파악한 원인을 해결하기 위해서 REAMS를 이용한다. R에서부터 S까지 다 한 번씩 사용해보면 다양하고 새로운 아이디어를 만들어낼 수 있다. 아래의 예를 보자.

문제 지우개를 찾기가 어렵다.

목표 지우개를 쉽게 찾을 수 있는 방법

근본원인 지우개와 연필은 따로 떨어져 있다.

Remove: 지우개는 부분으로 나뉘지 않는다. 따라서 이 방법은 적용하기 어렵다.

Exchange: 지우개 대신에 수정테이프로 대체하고 연필 대신에 볼펜으로 대체할 수 있다. 그러나 이는 근본적인 문제 해결이 아닐뿐더러 앞에서와 마찬가지로 지우개를 부분으로 나눌 수 없으므로 이 방법도 적용하기 어렵다.

Add: 다양한 방법을 생각해낼 수 있다. 지우개에 위치추적장치를 달거나 냄새로 찾을 수 있게 강한 향이 나는 물체를 달 수도 있을 것

이다. 모든 것은 당신이 상상하기 나름이다. 잘 알려진 대로 연필에 지우개를 붙이기, 즉 연필 끝에 지우개를 붙이는 방법은 이 원리를 적용한 것이다.

Change Material: 재료가 바뀌면 지우개 본래의 기능을 할 수 없기 때문에 이 방법도 역시 적용하기 어렵다. 하지만 최근에 연필과 지우개를 대체하는 볼펜과 볼펜을 지우는 지우개가 상용화 되었다.

Change Shape: 지우개를 눈에 잘 띄는 모양으로 바꾸는 것도 하나의 방법이 될 것이다. 큰 인형 모양으로 만들거나 도넛 같은 모양으로 만들어 손가락에 끼우는 아이디어도 가능하다.

다음으로는 REAMS로 아이디어를 만드는 방법에 익숙해질 수 있도록 이미 널리 알려진 유명한 발명과, 필자가 특허로 출원한 발명들을 통해 이해를 돕고자 한다.

Tip. 사물을 쪼개고 이름 붙이기

REAMS를 좀 더 원활하게 사용하기 위한 팁이 있다.

먼저 아이디어로 만들려는 대상(물건)을 나눌 수 있을 만큼 잘게 쪼개고 각 부분을 구분할 수 있도록 이름을 붙이는 것이다.

학교 다닐 때 배웠던 생물 시간을 한 번 떠올려 보자. 메뚜기는 머리, 가슴, 배, 더듬이, 눈, 입, 앞다리, 가운데다리, 뒷다리, 날개로 구분할 수 있다.

이때 이름은 꼭 정식명칭이 아니어도 상관없다. 본인이 구분할 수 있게 붙이는 이름이므로 마음대로 만들어서 붙이면 된다. 극단적으로 본인이 구분하기 편하다면 숫자로 붙여도 상관없다.

안경을 예로 들어보자. 안경의 각 부분은 아래와 같이 이름을 붙일 수 있다. 여기서 안경을 대상으로 REAMS의 Exchange와 Add를 사용하기 위해서 지우개 달린 연필을 사용해보려고 한다. 연필도 각 부분을 나누고 이름

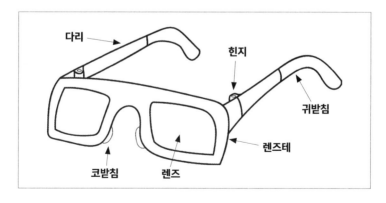

다양한 부분으로 나눈 안경

을 붙여보자. 붙여놓은 이름을 보면 알겠지만 임의로 이름을 붙이면 될 뿐, 정식 명칭이 아니어도 상관없다.

이제 이름만으로 연필의 각 부분을 안경에 쉽게 붙이거나 바꿀 수 있다. 예를 들어 귀받침을 지우개로 바꾸거나 연필심과 몸체를 함께 붙일 수 있을 것이다.

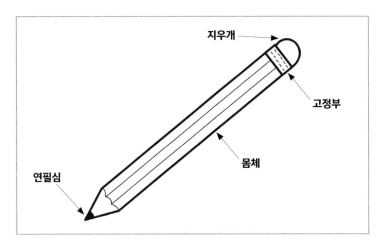

작은 부분으로 나누어진 연필

목수와 같이 두 손을 모두 이용하는 일을 하면서 때때로 연필을 사용해야 할 경우 유용한 아이디어가 될 수 있다. 추가로 귀받침의 한쪽은 연필을 반대쪽은 지우개를 붙이는 것도 생각해볼 수 있을 것이다.

이렇게 부분을 나누어 놓으면 Remove, Material, Shape도 좀 더 유연하게 적용할 수 있다. 흔히 알려진 무테 안경처럼 Remove를 이용해서 렌즈테를 빼도 되고, Material을 이용해서 다리 부분을 나무로 바꾸거나 가벼운 알루미늄이나 마그네슘을 사용해볼 수도 있다. 또 Shape을 이용해서 렌즈와 렌즈테를 삼각형이나 별모양으로도 바꿔서 패션 안경 아이디어도 만들 수 있을 것이다.

불필요한 부분은
과감하게 제거하라:
Remove

제품이나 사물을 구성하고 있는 부분들을 하나씩 제거해보는 방법이다. 보통 일부분을 제거하면 기존의 것과 대비했을 때 그 기능과 효과가 떨어질 것이라고 생각하기 쉬운데, 제거가 오히려 새로운 효과를 가져오기도 한다. 이 원리는 추가나 대체와 같은 다른 원리와 복합적으로 사용되는 경우가 많다.

빅히트 발명품과 필자가 특허 출원한 아이디어 중 이 원리를 적용한 것들을 자세히 살펴보면서 연습을 해보자.

빅히트 발명품: 무테 안경

제거 원리로 만든 무테 안경

안경에는 당연히 테가 있어야 한다는 고정관념을 깬 아이디어로 만들어진 제품이다. 안경 렌즈 부분의 안경테를 제거하고 렌즈에 구멍을 뚫어서 코걸이와 다리 부분을 연결했다. 기능보다는 디자인적 장점이 뛰어난 아이디어로 한때 안경 디자인의 트렌드를 이끌었다. 물론 렌즈가 있는 부분의 테가 없어졌으므로 안경 전체의 무게가 줄어든다는 장점도 있다. 이렇듯 일부를 제거하는 방법으로 좋은 아이디어를 만들어낼 수 있다.

이 무테 안경 아이디어를 만들어낸 과정을 생각해보자. 참고로 문제의 발견에 나오는 이야기는 가상의 이야기이다.

문제의 발견

두꺼운 뿔테나 커다랗고 무거운 금속 안경테가 대부분이었던 시절, 한 안경 디자이너는 고민에 빠졌다. 직접 디자인해서 만든 안경을 쓰고 다니던 이 디자이너는 안경의 무게 때문에 코가 눌려서 모양이 조금씩 변하고 있다는 것을 깨달았기 때문이다. 그리고 어딜 가나 커다란 뿔테나 금속 안경테를 쓰고 다니는 사람들을 볼 수 있었기에 개성 있는 안경을 쓰고 싶었다.

문제 안경테가 너무 무거워서 코가 눌린다. 기존의 안경테 디자인 또한 식상하다.

목표 가벼운 안경테

Why를 이용한 근본원인 파악

안경이 무거운 이유는 안경테가 너무 두껍고 크기 때문이다. 특히 렌즈가 달려 있는 부분의 안경테가 두꺼워서 무게가 앞으로 쏠려 코가 더 눌리게 된다.

근본 원인 렌즈가 달려 있는 부분의 안경테가 너무 두껍다.

REAMS를 이용한 아이디어 도출

Remove: 안경은 안경 렌즈, 안경테, 안경 다리, 코받침 등으로 나눌 수 있다. 안경 렌즈를 제거하는 것은 불가능하므로 삭제할 수가 없다. 코받침 또한 없으면 착용이 불편하므로 없애지 않는 것이 좋을 것 같다. 안경테 중에 렌즈가 있는 부분의 안경테는 렌즈와 안경다리를 어떻게든 붙일 수만 있다면 없애는 것이 가능해 보인다. 적용을 한 번 생각해볼 만한 아이디어다. 렌즈 부분의 안경테를 제거하는 방법을 선택해 해결해보자.

Exchange: 안경을 끼는 대신 콘택트 렌즈로 바꿔서 착용할 수 있다. 하지만 안경테의 무게를 줄이려는 본래의 목적과는 맞지 않다. 일단 제외한다.

Add: 무언가를 추가하는 것은 무게의 절감과 무관하다. 일단 배제하는 것이 좋겠다.

Change Material: 안경테 전체를 가벼운 금속재료인 마그네슘으로 바꿔볼 수 있다. 아니면 가볍고 튼튼한 탄소섬유 같은 다양한 재료로의 변경을 고려할 수 있다. 실제로 최근에 비행기에서 사용하는 가볍고 튼튼한 소재인 울템(ULTEM)으로 만든 안경테가 유행했었다.

Change Shape: 렌즈가 있는 부분의 안경테를 최대한 작게 만드는 방법을 생각해볼 수 있다. 최소한의 초점을 확보할 수 있게 가느다란 직사각형이나 타원형으로 만드는 것이다. 크기가 작아지므로 무게 감소의 효과가 있다. 실제로 안경 렌즈 부분을 아주 작게 만든 안경테가 시장에 나온 적이 있다.

특허: 휴대용 골프채 소독 장치

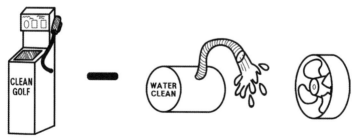

기존 세척기에서 제거할 수 있는 장치들

이 아이디어는 제거와 대체, 모양 바꾸기를 복합해서 만들어낸 것이다. 그 중에서도 제거의 원리가 핵심이 된다. 기존의 골프채 세척 장치는 거품과 물을 이용한 세척 장치와 바람을 이용한 건조 장치로 구성되어 있었다. 골프채 전체를 세척하기 위한 구조로 되어 있어 크기가 골프채보다 훨씬 클 수밖에 없었기에, 이러한 골프채 세척 장치는 주로 골프장 내부에 설치해 놓고 사용해야 한다. 이 골프채 세척 장치의 휴대성을 높이기 위해서 많은 부피를 차지하는 물 세척 장치와 바람을 이용한 건조 장치를 제거했다. 그리고 상대적으로 무게와 부피가 작은 자외선^{UV} 램프로 대체했으며 소독하는 부위도 손잡이로 한정했다. 목적에 따라서 손잡이뿐만 아니라 골프채의 공을 치는 부분을 소독하는 구조로 바꿀 수도 있다. 물론 이 경우도 물 세척 장치와 건조 장치가 제거되었으므로 기존의 장치와 대비했을 때 크기가 작다.

크기를 줄여 손잡이만 소독하는 골프채 소독 장치

이 아이디어를 만들어낸 과정을 앞에서 설명한 문제의 발견, Why를 이용한 근본원인 파악, REAMS를 적용한 아이디어 도출 순

서에 따라 아래와 같이 설명할 수 있다.

문제의 발견

　　최근 들어서 취미로 골프를 치는 사람들이 많이 늘어났다. 골프는 공을 칠 때에만 순간적으로 힘을 사용하고 다음 위치까지 가볍게 걸어가면 되므로 남녀노소 불문하고 큰 인기를 얻고 있다. 골프가 일반인에게도 널리 전파되면서 관련 용품에 대한 관심도 증가하고 있다. 골프는 대부분 야외의 필드에서 치다 보니 골프용품은 오염물질에 노출되기 쉽다. 따라서 대형 골프장을 중심으로 골프채를 세척하기 위한 기계 장치를 구비해 사용하고 있다. 이 기계 장치는 손잡이만 밖으로 나온 채 몸체 전부가 기계 안에 들어간 상태로 세척과 소독 작업이 이루어진다. 이 장치는 크고 무거워서 사용자가 들고 다니며 사용할 수 없다. 만약에 세척 장치가 비치되지 않은 골프장이라면 경기가 끝난 이후 더러워진 골프채를 그대로 집에 가져와야 한다. 아마 대부분의 사람들은 피곤한 몸을 이끌고 집에 도착한 후에 골프채를 다시 꺼내어 세척하거나 소독하는 수고를 하지 않을 것이다. 그렇다면 이 문제를 아래와 같이 정리할 수 있다.

　　문제 골프채 세척 장치를 휴대하기가 어렵다.
　　목표 휴대가 편한 골프채 세척 장치

Why를 이용한 근본원인 파악

골프채 세척 장치의 부피가 큰 이유는 세척을 위해서 필요한 모든 장치가 한곳에 들어있기 때문이다. 이 장치의 내부에는 물과 세정제를 분사하는 장치와 건조 장치가 함께 들어있다. 처음으로 돌아가 생각해보자. 왜 물과 세정제를 분사할까? 오염물질을 제거하기 위해서다. 그리고 오염물질을 제거하는 이유는 골프채를 잡는 손의 청결을 위해서다. 부피가 큰 또 다른 이유는 기존의 세척장치가 골프채 전체를 넣기 때문이다. 그러나 실제로 사람이 손으로 잡는 부위는 손잡이로 한정되며, 공을 치는 부위는 잡을 일이 많지 않다. 골프 가방에 넣고 뺄 때에도 대부분 골프채 끝이 아닌 바로 윗부분인 골프채 대를 잡는다. 골프채 끝은 한 손으로 잡기에는 부피가 크기 때문이다. 이제 어느 정도 문제의 원인을 찾은 것 같다.

근본원인 세척 장치에 부피가 큰 다양한 장치가 들어있으며 골프채 전체를 세척한다.

REAMS를 이용한 아이디어 도출

Remove: 기존의 골프채 세척 장치는 물 세척 장치, 건조 장치, 골프채 전체를 넣기 위한 통, 전원 장치 등으로 구성된다. 이 중 건조 장치는 세척과는 직접적인 관련이 없으므로 삭제를 고려해볼 만하다.

Exchange: 물 세척 장치의 부피도 상당히 크다. 크기가 작으면서 세척과 같은 효과를 낼 수 있는 장치가 있으면 바꾸는 것을 고려

할 수 있다.

보통 가정에서 칫솔이나 식기를 소독하기 위해 자외선 램프를 많이 이용한다. 자외선(또는 적외선) 램프를 이용하면 램프를 켜기 위한 전기만 공급되면 된다. 최근에는 크기는 작아지고 오래 사용할 수 있게 배터리를 넣을 수 있는 제품이 많이 출시되어 있다. 따라서 기존의 물 세척 장치와 바꾸기 위한 대체제로 적합하다.

Add: 무언가를 추가하는 것은 곧 부피의 증가로 이어진다. 일단 제외하는 것이 좋겠다.

Change Material: 재료를 바꾸는 것으로 부피를 줄일 수 있는 방법이 없다. 일단 배제하는 것이 좋겠다.

Change Shape: 골프채 전체를 넣기 위한 통도 큰 부피의 이유가 된다. 원인분석에서도 검토했듯이 골프채 전체가 아닌 중요 부분만 세척하는 구조로 모양을 바꾸면 부피를 줄일 수 있다. 즉 손잡이만 넣을 수 있는 작은 통으로 모양을 바꾸는 아이디어를 생각할 수 있다.

좋아 보이는 다른 것과 바꿔라: Exchange

Exchange, 즉 대체는 다른 물건이 가지고 있는 중요한 부분을 만들어낼 아이템의 일부분과 바꿔보는 방법이다. 특히 서로 연관성이 전혀 없어 보이는 특징을 가진 부분들과 바꿔보면, 생각지도 못한 결과를 얻는 경우가 많다. 이 방법은 기능과 구성을 '교체'하는 것으로 재료를 바꾸는 것과 차이가 있다.

빅히트 발명품: 롤러스케이트

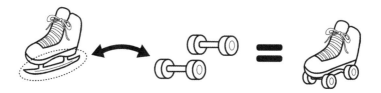

스케이트의 날을 바퀴로 바꾼 롤러스케이트

이 아이디어는 다른 환경에서도 동일한 기능을 할 수 있도록 필요한 부분을 바꿔서 새로운 물건을 만들어낸 간단하고 좋은 예시다. 롤러스케이트의 발명가는 사계절 내내 스케이트를 타기 위해서 바퀴가 달린 롤러스케이트를 만들어냈다. 현재는 다수의 바퀴를 스케이트 날처럼 일렬로 배열한 인라인스케이트까지 개발되었다. 이렇듯 다른 분야에서 유사한 기능을 하는 부품을 가져와 바꾸는 방법으로도 새로운 아이디어를 만들어낼 수 있다.

이 아이디어가 만들어진 과정을 교체의 원리에 따라 풀어보자.

문제의 발견

최근 건강이 나빠진 어떤 사람이 병원에서 운동을 꾸준히 하라는 의사의 권유를 듣게 되었다. 그래서 이 사람은 꽁꽁 얼어있는 호수 위에서 스케이트를 타기 시작했다. 스케이트를 타면서 건강에 점차 자신을 가지게 되었고 스케이트 또한 즐기게 되었다. 하지만 봄이 와서 얼음이 녹기 시작하자 스케이트를 탈 수 없어서 겨울이 될 때까지 기다려야만 했다.

문제 스케이트는 얼음 위에서만 탈 수 있다.
목표 얼음 위가 아닌 곳에서도 탈 수 있는 스케이트

Why를 이용한 근본원인 파악

스케이트를 얼음 위에서만 탈 수 있는 이유는 얼음 위를 미끄

러지기 위한 스케이트 날 때문이다. 이 스케이트 날은 칼과 같이 좁고 날카로운 모양으로 되어 있어 아스팔트나 포장된 길 위에서는 미끄러지지 않는다.

근본 원인 스케이트 날은 칼 끝처럼 되어 있어서 길 위에서는 미끄러지지 않는다.

REAMS를 이용한 아이디어 도출

Remove: 스케이트화의 날을 삭제하면 평범한 신발이 된다. 그렇다고 스케이트화의 끈이나 깔창 같은 부분을 삭제하더라도 길 위에서 미끄러질 수 있는 방법이 생기는 것은 아니다. 따라서 이 원리는 적용이 어렵다.

Exchange: 마찰력이 큰 도로 위에서 잘 굴러가는 것으로는 마차, 자전거, 자동차 등이 있다. 이것들은 바퀴를 가지고 있다는 공통점이 있다. 따라서 스케이트 날 대신 바퀴로 바꿔 다는 것은 좋은 방법으로 보인다. 실제로 롤러스케이트의 발명가는 아들이 타고 놀았던 바퀴 달린 장난감에서 힌트를 얻었다.

Add: 스케이트 날을 그대로 두고 바퀴를 추가하는 것도 좋은 아이디어가 될 수 있다. 특히 바퀴의 높낮이를 조절할 수 있다면 얼음 위에서는 스케이트, 길 위에서는 바퀴를 이용해서 굴러갈 수 있을 것이다.

Change Material: 스케이트 날을 아무리 매끄러운 재료로 바

꾼다 해도 길 위에서는 미끄러질 수 없다. 아스팔트와 같이 포장된 길의 마찰력이 너무 크기 때문이다. 재료를 바꾸는 방법으로는 이 문제를 해결할 수 없다.

Change Shape: 길 위에서 쉽게 미끄러지는 모양은 생각해내기 어렵다. 모양을 바꾸는 것은 적용 가능한 방법이 아니다.

특허: USB 도어락

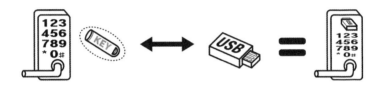

기존의 전자키를 USB로 바꾼 USB 도어락

전자 도어락에서 사용하는 전자키를 흔히 가지고 다니는 USB로 대체한 아이디어이다.

이 아이디어를 생각해낼 당시(약 2008년 무렵)에는 USB를 가지고 다니는 것이 일상이었다. 스마트 홈 기술이 일상화되기 전 단계에 당시 기술을 활용한 예시 중 하나다. 보통 전자 도어락을 구입하면 전자키를 서너 개 정도 제공하는데 잃어버리면 다시 구입하거나 만들기가 쉽지 않았던 문제를 해결하기 위해서 생각해낸 아이디어다. USB는 휴대성이 편리한 작은 크기의 저장장치로 키 암호를 기록할 수 있어서 기존의 전자키를 충분히 대체할 수 있다. 또한 USB는 쉽게 구할 수 있어서 잃어버릴 경우에 얼마든지 다시 전자키를 만들 수 있다.

문제의 발견

전자 도어락은 비밀번호만 잘 외우고 있으면 문을 쉽게 열고 닫을 수 있어서 편리하다. 그리고 비밀번호뿐만 아니라 휴대용 전자키도 함께 사용할 수 있다. 도어락은 편리하지만 비밀번호를 정기적으로 바꾸지 않으면 자주 누르는 번호가 패드에 자국으로 남는다. 그래서 가능한 번호를 누르지 않기 위해서 휴대용 전자키를 사용하게 되는데 이것들은 처음에 구매할 때 제조사로부터 받을 수 있는 개수가 제한적이다. 따라서 출입하는 사람이 많으면 일부 인원은 계속해서 비밀번호를 누르는 방법을 이용해야 한다. 그리고 전자키를 잃어버렸을 때 따로 구매하기가 쉽지 않다. 전자 도어락의 전자키를 누구나 쉽고 안전하게 만들 수 있다면 인원에 상관없이 편하게 출입을 할 수 있을 것이다. 그리고 잃어버려도 줄어든 전자키의 개수 때문에 받는 스트레스도 감소한다. 이 문제는 아래와 같이 정리할 수 있다.

문제 전자 도어락의 전자키는 추가로 만들기 어렵다.
목표 전자 도어락의 전자키를 쉽게 추가하기

자주 번호를 누르면 흔적이 남고
전자키의 갯수가 제한적인 전자 도어락.

Why를 이용한 근본원인 파악

전자키를 추가로 만들기 어려운 이유는 단순하게 생각하면 전자 도어락의 키와 일치하는 무선 신호를 일반 사용자가 쉽게 만들 수 없기 때문이다. 전자 도어락의 전자키는 NFC와 같은 접촉 방식의 무선 신호를 이용하는데 이 무선 신호와 동일한 것을 제조사가 아닌 사용자가 찾아내서 만들 수는 없다.(물론 2008년 당시 얘기다) 결국 일반 사용자가 해결할 수 있는 다른 방법을 찾아야 했다.

근본원인 전자 도어락의 키 신호를 쉽게 만들 수 없다.

REAMS를 이용한 아이디어 도출

Remove: 전자 도어락은 손으로 누를 수 있는 번호 버튼(터치 포

함), 전기 모터, 배터리, 잠금쇠(잠금 버튼을 누르면 모터가 돌아서 문틀의 구멍에 자동으로 들어가는 부분), 전자키 등으로 구성되어 있다. 어느 하나라도 삭제하면 전자 도어락의 기능을 제대로 할 수 없다. 번호 버튼은 없어도 되지만 그럴 경우 전자키를 잃어버렸을 때 문을 열 수가 없게 된다. 따라서 제거의 원리는 사용할 수 없다.

Exchange: 작은 크기이면서 흔하게 가지고 다니는 물건 중에서 전자키의 기능을 할 수 있는 것이라면 바꿔서 사용할 수 있다. 따라서 작은 크기이면서 흔히 가지고 다니는 USB가 좋은 해답이 된다. 전자 정보를 저장할 수 있기 때문에 보안이 중요한 전자 도어락의 전자키 대신 사용하기에 최적의 물건인 것이다. 신용카드나 체크카드로 대체하는 것도 고려할 수 있지만 이것 역시 전자 도어락의 전자키와 같은 방식을 사용하므로 잃어버리면 다시 만들기 쉽지 않으며 구입도 어렵다.

Add: 앞에서 생각해낸 방법인 USB 키를 추가하는 것도 좋은 방법이 될 수 있다. 전자 도어락에 USB 포트를 추가해서 전자키도 사용하고 USB도 키로 사용하는 것이다. 이게 가능해지면 전자 도어락 구매 시 전자키가 제한된 개수로 제공되는 문제도 해결할 수 있다. 전자 도어락을 이용해야 할 사람이 많으면 몇 명은 전자키, 나머지 사람들은 USB를 가지고 다니면 될 것이다.

최근에 많이 사용하는 기술인 지문인식 장치, 홍채인식 장치 등과 같이 생체인식 장치를 추가하는 방법도 생각할 수 있다.

Change Material: 재료를 바꾸는 방법으로는 전자키를 대신

할 수 없다. 따라서 이 방법은 배제한다.

Change Shape: 모양을 바꾸는 방법으로도 전자키를 대신할 수 없다. 이 방법은 제외한다.

상상을 더하라: Add

새로운 것을 발명하거나 신제품이 세상에 나올 때, 원래 있었던 것에 무언가 새로운 것이 더해져서 탄생하는 경우가 가장 많다. 기존에 있는 것들에 추가했을 때 약점을 보완해 주거나 성능이나 내구성을 높여줄 수 있는 것이 무엇일지 상상해 보면 어떨까? 무엇인가 하나를 더해주는 상상이야말로 발명의 시작이다.

빅히트 발명품: 스노우 모빌

눈썰매에 캐터필러를 추가한 스노우모빌

캐나다에 살고 있던 스노우 모빌의 발명가는 눈 위에서 빠른 속도로 달릴 수 있는 자동차를 만들기 위해서 이 아이디어를 생각해 냈다. 눈이 많이 오는 캐나다의 특성상 썰매를 많이 이용했는데 썰 매 자체에는 동력이 없다 보니 사람의 힘만으로는 빠른 속도를 내거 나 장거리 이동을 할 수 없었다. 이를 위해서 썰매에 극한 환경에서 도 구동이 가능한 탱크의 바퀴와 같은 캐터필러를 추가하였다. 이렇 게 다른 분야에서 다른 기능을 하는 일부 구성을 추가함으로써 새로 운 목적을 달성할 수 있는데, 대부분의 아이디어가 바로 이 '추가'를 이용하여 탄생한다.

문제의 발견

이 발명의 배경에는 사실 슬픈 사연이 숨어 있다. 발명가의 아 들이 병에 걸려 치료가 필요했는데 폭설 때문에 의사가 제 시간에 도착하지 못해서 숨지는 사고가 발생한 것이다. 눈이 많이 오는 캐나 다의 경우 자동차가 운행을 할 수 있는 도로가 폭설에 의해서 차단되 면 눈썰매를 이용할 수밖에 없었는데, 눈썰매는 동력이 없기 때문에 개나 순록 같은 동물의 힘을 빌려 운행해야 했다. 그렇다 보니 속도 도 제한적이고 동력을 제공하는 동물이 지치면 멀리 갈 수 없었다.

문제 자동차는 눈 위에서 빨리 달릴 수 없다.
목표 눈 위에서도 빠르게 달릴 수 있는 자동차

Why를 이용한 근본원인 파악

자동차가 눈 위에서 빨리 달릴 수 없는 이유는 아스팔트 위를 달리기 위해서 고안된 자동차 타이어가 눈길에서는 쉽게 미끄러지기 때문이다. 왜 타이어는 쉽게 미끄러질까? 그것은 바로 눈 위에서는 마찰력이 부족하기 때문이다.

왜 마찰력이 떨어질까? 그 이유는 자동차 바퀴의 모양이 둥글어서 도로의 노면과 닿는 면적이 매우 작기 때문이다.

근본 원인 자동차 바퀴는 노면과 닿는 면이 작다.

REAMS를 이용한 아이디어 도출

Remove: 자동차의 구성품을 나열하여 하나씩 빼다보면, 무엇 하나라도 없어지면 자동차 본연의 기능을 할 수 없다는 사실을 확인할 수 있다. 자동차의 각 구성품을 몸체, 바퀴 그리고 동력을 전달하는 엔진으로 최소화해보자. 타이어나 바퀴를 빼면 운행 능력을 상실하게 되어서 제거가 불가능하다. 또한 눈썰매는 통상적으로 하나의 몸체로 되어 있지만 자동차와 같이 몸체와 운전대 정도로 단순화해보면, 무엇을 없애도 본연의 기능을 잃어버리는 것을 확인할 수 있다. 썰매의 날 부분을 삭제하게 되면 눈 길에서 운행조차 할 수 없기 때문에 이 방법은 적용하기 어렵다.

Exchange: 위에서 자동차와 눈썰매의 각 구성품을 나열했는데, 그 구성품들을 하나씩 교체해보자. 운행 능력을 가지고 있는 자동차

의 타이어를 도로의 노면과 닿는 부분이 넓은 다른 것으로 대체하면 근본 문제를 해결하기 위한 방법에 가까워질 수 있을 것이다. 그런 차원에서 타이어를 캐터필러로 바꿔보면 노면과 닿는 면적이 자동차 바퀴에 비해서 굉장히 넓어진다. 그러면 눈길이나 일반 도로에서 달릴 수는 있다. 하지만 캐터필러의 특성상 빠른 방향 전환이 어려워진다. 왜냐하면 캐터필러는 한쪽은 정지한 상태에서 반대쪽의 캐터필러만 움직여야 가고자 하는 방향으로 전환할 수 있기 때문이다. 이 과정에서 눈길 위에서는 미끄러질 가능성이 높아지고 빠른 방향 전환이 불가능하므로 교체는 해결방안이 될 수 없다.

Add: 자동차 바퀴 위에 체인을 씌우는 방법도 고려할 수 있다. 하지만 체인 또한 바닥에 닿는 면적이 작고, 체인 사이사이에 눈이 많이 끼면 기능이 떨어져서 눈길에서 빨리 달리는 데 한계가 생긴다. 위에서 캐터필러를 바퀴 대신 적용한 아이디어에 눈길에서 빨리 달릴 수 있는 눈썰매나 스키 등과 같은 겨울철 주요 이동 수단의 특성을 추가해 보자. 특히 캐터필러를 주동력으로 사용하면서 방향전환의 약점을 극복하기 위해서 스키를 방향전환의 목적으로 접목하면 눈길에서 빠르게 달릴 수 있는 해결방안에 근접하게 된다.

Change Material: 타이어 바퀴의 고무 대신에 마찰력이 큰 재료로 변경을 해도 둥근 바퀴의 특성상 눈길 바닥에 닿는 부분이 작기 때문에 마찰력이 거의 없어서 제어 및 제동이 어렵다.

Change Shape: 둥근 바퀴를 다른 모양으로 바꾸면 눈길에서 달릴 수 있는 바퀴로 재탄생할 수 있다. 대표적인 예로 스노우 타이

어나 오프로드 타이어 같은 경우 노면과의 마찰력을 높이기 위해 타이어 홈의 모양이 크고 깊게 만들어져 있다. 하지만 바닥에 닿는 면적에는 큰 차이가 없으므로 눈길에서 빨리 달리는 데 있어서는 한계가 있다.

특허: 진동 샤워기

프로펠러와 편심추를 더하여 물을 진동으로 바꾼 진동 샤워기

샤워기에 물의 흐름을 이용해서 진동을 발생시키는 장치를 추가해 샤워기 전체를 진동시켜 안마를 할 수 있도록 만든 아이디어다. 샤워할 때 생기는 물의 압력을 낭비하는 것이 아까워서 이것의 활용 방안을 고민하다가 생각한 것이다.

샤워기의 진동을 발생시키기 위해서 물의 흐름에 의해서 회전하는 프로펠러와 휴대폰에 들어있는 편심추[1] 를 결합하였다. 이 아이

---

1 중심이 한쪽으로 쏠려있는 추

디어를 이용하면 그동안 샤워하면서 그대로 흘려보냈던 물 에너지를 진동으로 바꿔서 활용할 수 있다.

문제의 발견

샤워를 하고 나면 몸이 개운하고 상쾌해지는 기분을 느낄 수 있다. 전날에 피부를 통해서 배출된 보이지 않는 노폐물이나 하루 동안 쌓인 먼지를 깨끗하게 씻어낸 효과일 것이다. 보통 샤워를 할 때는 물의 수압을 최대한 높여서 사용한다. 샴푸나 바디샤워의 거품이 다 씻겨 내려간 이후에도 샤워기의 물을 계속 맞고 있었던 경험이 있을 것이다. 대부분의 사람들이 이와 같이 물의 따뜻함과 수압을 일종의 마사지처럼 즐긴다. 이 때 방출되는 물의 압력을 좀 더 효율적으로 활용할 방법이 없을까?

물의 압력, 즉 수압은 각 가정마다 차이가 있어서 단순히 수압만을 이용해서는 안마나 마사지의 효과를 강하게 느끼기 어렵다. 수압을 이용해서 안마나 마사지를 할 수 있는 장치를 한번 만들어 보자. 물론 샤워도 동시에 할 수 있어야 한다.

문제 샤워기의 수압 자체만으로는 안마나 마사지의 효과가 부족하다.

목표 마사지가 가능한 샤워기

Why를 이용한 근본원인 파악

　기존의 샤워기가 안마나 마사지의 효과가 떨어지는 것은 물 자체의 압력을 안마나 마사지의 매개체로 이용하기 때문이다. 왜 샤워기의 수압만으로는 안마나 마사지의 효과가 부족할까? 이유는 가정에 공급되는 수압이 약하기 때문이다. 거기다 앞에서도 언급했듯이 각 가정마다 수압의 차이가 존재한다. 그렇다고 수압을 마음대로 올릴 수 있을까? 그렇게 하려면 대대적인 수도관 공사가 필요하다. 이것은 배보다 배꼽이 더 큰 비효율적인 방법이라 좋은 해결방안이 아니다. 부족한 수압으로도 안마나 마사지를 할 수 있어야 한다. 그렇다면 안마 또는 마사지의 매개체가 물이 아닌 샤워기 자체가 되면 어떨까? 샤워기에 안마기처럼 진동할 수 있는 장치를 추가한다면 안마나 마사지를 할 수 있을 것이다.

　근본원인 수압은 환경에 따라 달라서 동일한 마사지 효과를 낼 수 없다.

REAMS를 이용한 아이디어 도출

Remove: 샤워기의 각 구성품을 머릿속으로 나열해 보자. 물이 흘러가야 하기 때문에 샤워기 호스는 삭제 대상이 될 수 없다. 샤워기 헤드 부분을 없애면 공급되는 물의 수압을 그대로 전달하게 됨으로 마사지 효과를 줄 수 없을뿐더러 물을 뿌려주는 면이 좁아져 샤워기로서의 기능도 상실하게 되니 제거의 원리는 적용이 어렵다.

Exchange: 샤워기의 물을 흘려 보내주는 호스관을 기존의 것보다 좁은 관으로 바꾸면 일시적으로 수압을 높이는 효과를 줄 수는 있다. 마찬가지로 샤워 헤드 부분도 물을 뿌려주는 구멍을 좀 더 세밀하게 좁히고 구멍의 개수 자체도 적게 만들면 수압을 높여주는 효과는 있을 수 있다. 하지만 근본적인 문제를 해결하여 마사지 기능을 하진 못한다.

Add: 샤워기에 진동을 일으키는 모터를 추가하고 전기를 공급하는 것은 어떨까? 물을 분사하는 샤워기에 전기 장치를 넣는 것은 안전한 방법이 아니다. 감전의 위험이 있고 무엇보다 추가적인 에너지로 전기를 사용해야 한다. 따라서 수압을 이용해서 진동을 만들 수 있는 방법을 고민해야 한다. 어떻게 하면 진동을 만들 수 있을까? 휴대폰의 진동을 만드는 모터를 보고 힌트를 얻을 수 있었다. 진동을 만드는 모터, 즉 바이브레이터는 모터의 끝에 편심추[2]를 달아 놓은 것이다. 추가 한쪽에 몰려서 회전축에 고정되어 있으므로 모터가 회전하면 진동이 발생하게 되는 원리다. 그렇다면 샤워기의 내부에서 이 편심추가 회전할 수 있게 만들면 어떨까? 이제 추의 회전을 위한 방법을 생각해야 한다. 물의 흐름을 이용해서 추를 회전시키면 진동을 만들 수 있을 것이다. 물의 흐름을 회전 에너지로 바꾸려면 간단하게

2 편심추의 원리: 회전하는 축에 추를 중심부에서 벗어나게 고정하면 진동이 발생한다. 휴대폰과 같이 진동을 발생시키는 장치는 바로 이 원리를 이용하는 것이다. 모터의 회전축에 추를 편심으로 붙이고 회전시켜 진동을 만든다.

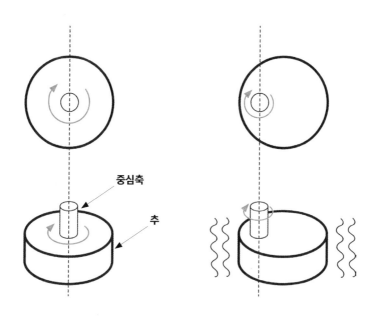

편심추의 원리

프로펠러를 이용하면 된다. 즉 프로펠러의 축을 길게 늘리고 그 축의 끝에 편심추를 달면 물의 흐름으로 진동을 만들 수 있다.

Change Material: 샤워기 구성품 중, 호스를 사람의 악력으로 수압 조절이 가능하도록 유연한 고무 소재로 바꿔주면 인력에 의해서 인위적인 수압을 만들어 마사지 효과를 올릴 수는 있다.

Change Shape: 샤워기 헤드나 호스의 모양을 바꿔주더라도 물이 지나가는 면적에 따라 수압이 결정되기 때문에 크게 영향이 없으며 문제를 해결하기 위한 적절한 방법은 아니다.

재료를 바꿔라:
Change Material

전 세계의 국가와 글로벌 기업들은 신소재 개발에 많은 노력을 기울이고 있다. 동일한 물건이나 제품이라도 재료가 바뀜에 따라 그 성능과 원가 경쟁력이 크게 좌우되며 산업을 이끌어나갈 수 있기 때문이다. 역사적으로 살펴보았을 때, 특히 청동기 시대에서 철기 시대로 넘어오면서 신소재인 철을 먼저 확보한 국가가 주도권을 가지고 정복활동을 성공했던 것을 우린 이미 알고 있다. 특별히 새로운 아이디어나 제품, 무기 등의 개발이 없이도 기존에 있던 것들의 재료만 바꾸어도 충분한 혁신이 될 수 있다.

빅히트 발명품: 거북선

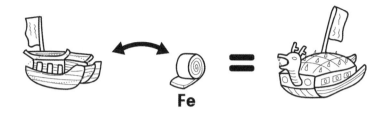

나무지붕을 철로 바꾼 거북선

우리나라의 대표적인 발명품 중 하나이자 세계 최초의 철갑선[3]
이다. 전투용 선박의 각 부분 중 나무 소재로 되어 있는 지붕을 철 소
재로 변경한 아이디어다. 기존의 나무 소재와 대비했을 때 불을 이용
해 공격하는 화공에 대한 방어력이 증가했다. 이렇게 소재를 변경하
는 것으로 새로운 기능을 얻을 수 있다.

문제의 발견

전시 상황에서 군함은 적군의 군함을 공격하기도 하고, 적으로
부터의 공격을 방어하기도 한다. 조선시대 때 대부분의 군함은 목재
로 만들어져 화공에 매우 약했다.《삼국지》의 유명한 전투인 '적벽대

---

3 실제로 철갑을 사용했는지에 대해서는 현재까지 의견이 분분하나 본 책에서는 예시를
위해서 철갑을 적용한 것으로 가정했다. 또한 지붕이 있는 동일한 조건의 군함이 적의 화
공으로부터 군함을 어떻게 발전시켜야 지킬 수 있을지에 집중해 보았다.

전'처럼 매우 건조한 날씨에 불화살 같은 화공을 집중적으로 받으면 군함에 타고 있는 병사들이 미처 싸워보지도 못하고 모두 전사하게 된다. 배가 불에 타서 제대로 전투를 해보지도 못하고 침몰하여 패배 해버리는 경우가 발생하는 것이다. 적의 화공으로부터 배를 지킬 수 있는 방법이 없을까?

문제 나무로 만든 배는 불에 쉽게 탄다.
목표 불에 타지 않는 배

Why를 이용한 근본원인 파악

나무는 물에 쉽게 떠서 배를 만드는 데 가장 많이 사용되는 재료다. 하지만 불에 쉽게 타고 불이 빠르게 번진다. 그렇다면 배가 불에 타지 않게 만들기 위한 방법은 무엇이 있을까? 물 위에 뜨기 위해서 배의 아랫부분에는 나무를 사용할 수밖에 없다.

근본원인 배를 만드는 데 주로 쓰이는 재료인 나무가 불에 쉽게 타는 물질이다.

REAMS를 이용한 아이디어 도출

Remove: 조선시대의 군함을 상상하고 각 파트로 나누어 보자. 그 중에서 어느 것 하나를 삭제한다고 해서 화공에 대응할 배로 업그레이드 시킬 방법은 없다.

Exchange: 조선시대라는 것을 고려하면 마땅히 화공을 대비하기 위해 바꾸어야 할 것이 쉽게 떠오르지 않는다. 함선의 특정 부분을 교체하여 화공에 대한 내성을 올려줄 만한 것이 무엇이 있을까 생각해보자.

Add: 배를 만드는 주재료인 나무 위에 불에 내성이 강한 물질을 덮어서 나무 소재 부분을 보호함으로 화재를 예방할 수 있다. 그 대표적인 물질이 목재용 난연제다. 난연제로 처리한 목재는 곰팡이가 생기지 않아 부식되는 일이 없다. 하지만 방탄 유리가 한 곳에 집중 공격을 당하면 내구성이 떨어져 파괴되는 것처럼, 근본 소재가 목재이다 보니 특정 부위에 집중 화공을 당하게 되면 불이 붙을 수밖에 없다. 그래서 근본적인 문제 해결이 될 수는 없으며, 더욱이 조선시대에는 이런 난연제가 존재하지 않았다.

Change Material: 배를 목재로 만들어야지만 물 위에 뜬다. 그러니 조선시대 군함의 물에 닿는 부분을 제외한 노출되는 지붕 같은 부분들을 불이 붙지 않거나 불에 굉장히 강한 내성을 가진 재료로 바꿔주면 근본 원인을 해결할 수 있다. 철갑선의 개념이 이런 원리에서 탄생하였다.

Change Shape: 핵심 재료인 목재가 불에 약한 물질이다 보니, 목재를 그대로 사용하면 함선의 모양을 아무리 바꾸어도 근본적인 문제를 해결할 수는 없다.

특허: 조립식 작물하우스

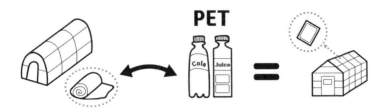

주변에 흔한 PET 소재를 활용한 조립식 작물하우스

한 번 찢어지면 보수가 어려운 비닐하우스의 비닐 소재를 상대적으로 튼튼한 PET와 같은 플라스틱 소재로 변경한 아이디어다.

이 아이디어는 소재 변경뿐만 아니라 부분적인 보수가 쉽도록 하우스를 PET가 부착된 다수의 창으로 분리하는 모양 변경 방법도 함께 사용하였다. 그리고 이렇게 분리된 창을 철 소재의 기둥에 쉽게 뗐다 붙일 수 있도록 창틀에 고무자석을 추가했다. 따라서 폭설이나 강풍에 의해서 하우스의 일부분이 파손되었을 때 파손된 부위만 쉽게 교체할 수 있다. 이 아이디어는 주변에서 쉽게 볼 수 있는 소재들을 활용해 문제를 해결한 사례다.

문제의 발견

요즘은 비닐하우스를 이용해서 일년 내내 농산물을 재배할 수 있다. 비닐하우스는 금속형태의 기둥에 비닐을 씌운 간단한 구조로 되어 있어서 만들기도 쉽다. 하지만 많은 양의 눈이 오거나 강한 바람이 불면 비닐이 찢어지는 피해를 입을 수 있다. 이렇게 비닐이 찢어진 부분을 보수하기 위해서는 테이프를 붙이거나 아예 비닐 전체를 걷어내고 새로운 비닐을 덮어야 한다. 테이프를 비닐에 붙여서 보수할 경우 테이프를 붙인 부분이 두꺼워지고 색깔이 어두워져서 햇빛이 잘 들어오지 않게 된다. 또한 테이프를 부착하였으므로 상대적으로 기존의 비닐보다 내구성이 좋지 않으며 기후 변화에 따라서 접착력이 낮아져 테이프가 떨어지기도 한다. 비닐 전체를 걷어내고 새로운 비닐을 덮는 것은 비닐하우스를 새로 만드는 것과 같은 힘과 노력이 필요하므로 좋은 방법이 아니다. 이렇게 비닐하우스는 망가지기 쉬운 반면 보수는 어렵다.

문제 비닐하우스의 부분적인 보수가 어렵다.

목표 보수가 쉬운 작물 재배용 하우스

Why를 이용한 근본원인 파악

비닐하우스의 부분적인 보수가 어려운 이유는 찢어진 비닐을 다시 붙이기가 어렵기 때문이다. 한 번 만들어진 비닐은 그 소재의 특성상 다시 붙이는 것이 거의 불가능하다. 녹여서 붙이는 방법도 생각해볼 수 있지만 적절한 온도를 맞추기가 어렵고 가열을 잘못하면 전체가 다 녹아버릴 수도 있다. 즉 하우스의 부분적인 보수가 어려운 이유는 소재가 비닐이기 때문이다. 그리고 비닐은 그 소재의 특성상 힘이 가해지면 잘 늘어나고 한 번 늘어난 부분은 다시 회복이 되지 않는다. 비닐과 같이 빛을 잘 투과하면서 잘 늘어나거나 찢어지지 않고, 부분적인 보수가 쉽도록 만들어주는 아이디어가 필요하다.

근본원인 비닐은 일체형이기 때문에 부분적인 보수가 어렵다.

REAMS를 이용한 아이디어 도출

Remove: 비닐하우스는 구성품이 철로 된 골격과 한 덩어리로 이루어진 비닐뿐이다. 어느 것 하나 삭제한다고 해서 문제를 해결할 수 없기에 이 방법은 적합하지 않다.

Exchange: 비닐하우스의 구성품이 이미 비닐과 뼈대로 최소화되어 있는 상태이다. 여기서 무엇 하나 바꾸어서 유지 보수를 쉽게 만들기는 어렵다. 그렇기 때문에 이 방법은 적용할 수 없다.

Add: 비닐과 뼈대로만 이루어져 있는 비닐하우스에 무언가 하나 추가하여 보수하는 일은 쉽지 않다. 오히려 구성을 추가함으로 인해서 제조 원가 및 유지와 보수가 필요한 항목만 늘어나게 된다.

Change Material: 비닐을 대체할 수 있는 소재는 대표적으로 유리와 플라스틱이 있다. 유리는 투명성이 좋으나 무겁고 충격에 의해서 깨지면 날카로운 부분이 생겨서 작물이나 사람이 다칠 수 있다. 또한 시공 비용이 많이 들기 때문에 유리 소재는 우선 제외한다. 플라스틱은 종류가 상당히 다양한데, 그 중에서 무게가 가볍고 저렴한 시공 비용을 고려한다면 주변에서 흔히 볼 수 있는 PET소재를 선택

할 수 있을 것이다. 대부분의 음료수 병이나 일회용 용기가 이 소재로 만들어져 있다. PET는 저렴하고 가볍고 튼튼해서 비닐을 대신하기 충분하다. 여기서 문제는 PET 또한 손상 되었을 때 부분적인 보수가 쉽지 않다는 점이다. 일단 재료를 변경하는 방안은 찾았으니 다음 단계로 넘어가서 더 생각해보자.

Change Shape: 앞에서 생각한 재료를 PET로 바꾸는 아이디어와 원인분석 단계에서 생각해낸 근본원인이 비닐이 일체형이라는 점을 고려하면 이 문제를 해결할 수 있다. PET를 하우스 전체를 덮는 모양이 아닌 각각의 창으로 분리된 형상으로 변경해서 결합하는 구조로 바꾸면 된다. 이렇게 하면 손상된 부분의 창만 교체하는 것으로 보수를 할 수 있다.

#idea

역사적으로 살펴보았을 때,
특히 청동기 시대에서
철기 시대로 넘어오면서
신소재인 철을 먼저 확보한 국가가
주도권을 가지고 정복활동을
성공했던 것을 우린 이미 알고 있다.
특별히 새로운 아이디어나
제품, 무기 등의 개발이 없이도
기존에 있던 것들의
재료만 바꾸어도
충분한 혁신이 될 수 있다.

모양을 바꿔라:
Change Shape

    동일한 역할을 하는 제품인데도 우리는 가격이 비싸더라도 디자인이 더 뛰어난 것을 구입한다. 좋은 디자인의 상품은 시각적으로도 사용자에게 만족감을 주지만, 대부분 디자인이 뛰어난 제품들이 사용하기에도 더 편리하기 때문이다. 뿐만 아니라 경우에 따라서는 디자인이 제품의 성능이나 내구성에도 큰 영향을 미친다. 그렇기 때문에 미술이 발전해 왔으며, 현대 기업들이 디자인 연구소를 짓고 연구개발(R&D) 못지않게 그 분야에 수많은 투자를 하고 있다. 우리가 고정관념을 가지고 있는 특정 제품이나 장치의 모양을 기존 것과 다르게 바꿈으로 인해서 혁신적으로 업그레이드 시킬 수 있다.

빅히트 발명품: 비행기의 삼각 날개

속도에 따라 모양이 변해온 비행기의 날개

초창기의 비행기는 단면이 곡선으로 휘어져 있는 사각형의 날개로 되어 있었다. 이 사각형태의 날개는 비행기가 떠오르는 힘인 양력을 쉽게 받게 만들어 상대적으로 느린 속도로도 비행기가 이륙할 수 있게 한다. 삼각형태의 날개는 음속과 같은 초고속 비행에 적합하며 행글라이더와 같은 활공기에 적용할 경우 빠른 속도로 날아갈 수 있게 해준다. 이렇듯 같은 기능을 하는 것의 모양을 변형하는 것으로 새로운 기능이나 목적을 달성할 수 있다.

문제의 발견

비행기가 갓 개발되었을 당시의 상황을 생각해보자. 초기에는 비행기를 하늘에 띄워 날리는 것에만 집중을 했었다. 따라서 공기의 양력을 최대한 많이 받을 수 있게 비행기의 날개를 사각형 모양으로 넓게 만들었다. 이 사각형의 날개는 비행기를 쉽게 떠오르게 하고 방향의 전환을 쉽게 할 수 있었지만 속도는 느렸다. (초창기 복엽기의 속도는 이륙을 위한 최소속도인 시속 180km 정도였다) 이후의 항공 엔지

니어들은 짧은 시간에 먼 거리를 가기 위해 비행기의 속도를 개선하는 데 많은 노력을 기울였고 결국 제트엔진을 개발했다. 하지만 비행기의 속도가 어느 수준 이상으로는 올라가지 않는 문제가 발생했다.

문제 비행기의 속도가 더 이상 올라가지 않는다.
목표 빠른 속도를 낼 수 있는 비행기

Why를 이용한 근본원인 파악

비행기의 최대속도가 어느 시점부터 올라가지 않는다. 비행기 모양으로 인해서 공기저항을 받아서 속도가 더 올라가지 않는 것이다. 특히 비행기의 날개 부분이 공기저항을 많이 받는다.

근본원인 비행기의 날개 부분이 공기저항을 많이 받아 속도를 낼 수 없다.

REAMS를 이용한 아이디어 도출

Remove: 기존의 비행기를 각 구성품으로 나누어 보았을 때, 공기저항을 가장 많이 받는 날개 부분을 제거할 수 있다. 하지만 현 시점의 기술을 고려했을 때 날개 없이 미사일처럼 비행기를 날릴 수는 있지만 장시간 비행을 위한 제어 기술이 없는 상황이라 현실적으로 아직은 실현이 어렵다.
Exchange: 비행기의 엔진을 더욱 강력한 성능을 낼 수 있는 로

켓 엔진 같은 것으로 대체하는 상상을 할 수 있다. 하지만 공기저항에 대한 문제를 해결하지 못한다면 일정 속도가 넘어가게 되면 비행기 몸체가 견디지 못하고 날개가 부러지는 불상사가 발생할 것이다. 이 방법을 적용하기 위해서는 몸체의 내구성 문제도 함께 해결되어야 한다.

Add: 무언가를 추가하는 방법은 성능을 개선하는데 가장 많이 사용되는 기법이다. 하지만 비행기 속도 성능을 개선하기 위해서 공기저항을 줄여야 하는 문제를 해결하기 위해서는 이 방법을 적용하기 쉽지 않아 보인다. 당신의 상상력을 발휘하여 개선할 수 있는 방법을 제안해 보면 어떨까?

Change Material: 처음 비행기가 개발되어 제작될 무렵에는 목재가 사용됐다. 가벼우면서도 단단한 재료가 필요했었기 때문이다. 항공기술과 재료공학이 발달함에 따라 알루미늄합금, 타이타늄합금, 섬유강화플라스틱 등의 재료가 사용되고 있다. 하지만 현 시점에서 재료를 변경한다고 해서 공기저항을 획기적으로 줄이기는 어렵다.

Change Shape: 비행기의 모양을 공기저항에 강하면서도 제어가 가능하도록 바꾸는 방법이 있다. 이를 위해서 수많은 연구를 통해 고안된 디자인이 바로 삼각형 모양의 전투기 날개다. 지속적인 모양의 개선을 통해서 최근에는 마하 3.0을 뛰어넘는 속도까지 도달할 수 있게 되었으며, 자유자재로 비행기를 제어할 수도 있다.

특허: 친환경 가로수

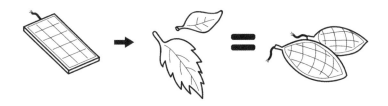

모양을 바꿔 보기가 좋아진 태양 전지판

태양 전지판의 모양을 나뭇잎 모양으로 변경해서 가로수의 주요 기능 중 하나인 도로의 심미성을 높여주는 아이디어다.

가로수는 공기정화와 심미감을 주고 그늘을 제공하는 기능을 하는데, 잎이 다 떨어지는 겨울철에는 그 기능을 제대로 하지 못한다. 그리고 매연이 심한 곳에서는 가로수들이 시드는 경우가 있다. 이 문제를 해결하기 위해서 나뭇잎 모양의 태양 전지판으로 전기를 공급받아서 공기정화기를 가동시키는 가로수 아이디어를 생각했다. 이 아이디어를 적용한 상품을 만들면 일 년 내내 기존의 가로수가 하는 기능을 대신할 수 있다.

문제의 발견

인도 위를 걷거나 차를 타고 도로를 달리다 보면 가로수를 흔히 볼 수 있다. 봄과 여름에는 삭막한 도로를 초록빛으로 물들이고 가을에는 단풍이 들어서 보기가 좋다. 이렇게 가로수는 도로를 보기 좋게 만드는 역할을 하고, 여름에는 지나가는 사람들이 쉴 수 있게 시원한 그늘을 만들어주기도 한다. 또한 자동차의 매연이나 먼지를 걸러주는 역할도 한다. 하지만 겨울에는 나뭇잎이 다 떨어지므로 공기 정화를 할 수 없으며, 가지만 앙상한 모습은 삭막해 보이기까지 한다. 거기다 자동차가 많이 다녀서 매연이 심한 곳은 겨울이 아님에도 불구하고 나뭇잎이 시들어 있거나 심지어 죽은 나무도 있다. 이 문제를 한 번 해결해보려고 한다. 먼저 문제를 정의해보자.

문제 가로수는 매연이 심한 곳이나 겨울에는 제 역할을 하지 못한다.
목표 매연이 심한 곳에서도 공기정화 기능을 하는 가로수

여기서 한 가지 중요하게 짚고 넘어갈 점이 있다. 문제는 사람에 따라 다르게 정의할 수 있다는 것이다. 왜냐하면 사람마다 문제로 인식하는 내용이 다르기 때문이다. 독자들은 이 사례에서 다른 문제를 찾아내어 정의할 수도 있을 것이다.

Why를 이용한 근본원인 파악

가로수가 겨울에 제 역할을 하지 못하는 원인은 간단하다. 가로수는 겨울에 활동하지 않는 나무이기 때문이다. 그리고 가로수가 매연이 심한 곳에서 제 역할을 하지 못하는 이유는 가로수가 견딜 수 있는 매연의 정도를 초과했기 때문이다. 즉 문제는 가로수가 살아있

는 생명체이기 때문에 생겨난다. 매연에 강한 나무도 있지만 생명체이기 때문에 견딜 수 있는 환경 조건의 한계가 정해져 있다. 이 문제는 근본원인이 크게 두 가지로 분리가 된다. 가로수가 겨울에 활동하지 않는다는 것과 살아있는 생명체라는 것이다. 겨울에 활동하지 않는 문제는 사철나무를 심는다면 해결할 수 있지만 사철나무도 결국 생명체이기 때문에 근본적인 해결책이 될 수 없다. 결국 이 문제를 해결하기 위해서는 가로수를 살아있는 생물이 아닌 것으로 대체해야 한다.

근본원인 가로수도 생명체이기 때문에 환경오염이 심하면 죽어버려 제 역할을 못하게 된다.

REAMS를 이용한 아이디어 도출

Remove: 기존의 가로수 자체가 하나의 식물이기 때문에 부분을 나누어 삭제하는 것이 불가능함으로 이 방법은 적용이 어렵다.

Exchange: 이 문제는 가로수가 환경의 변화에 약한 생물이기 때문에 발생한다. 따라서 생물이 아닌 인위적인 기계로 가로수의 역할을 대체한다면 문제를 해결할 수 있을 것이다. 가로수의 역할인 심미감, 공기정화, 그늘을 제공할 수 있게 가로수를 공기정화 장치로 바꾸는 방법은 고려해볼 만하다. 다음으로 일반적인 공기정화 장치는 다수의 구멍이 뚫려 있는 단순한 형태의 원기둥 모양이므로 가로수의 역할 중 하나인 심미감을 해결해야 하는 문제가 남게 된다.

Add: 가로수가 제 역할을 하기 위한 지원을 해줄 수 있는 무엇인가를 추가하는 상상을 해볼 수 있을 것이다. 예를 들어 가로수가 감당하기 힘든 정도의 매연이 발생하고 있다면 가로수를 매연으로부터 보호하기 위한 차단막이라든지, 가로수를 돕기 위한 공기청정기가 작동을 하는 그림을 상상할 수 있을 것이다. 하지만 이런 방법으로는 가로수 본연의 기능을 극대화 시킬 수는 없다.

Change Material: 가로수 자체가 하나의 물질이다 보니 재료의 교체가 어렵다. 나무 종에 따라서 매연이나 환경오염에 강한 품종으로 바꿀 수는 있겠지만 근본적인 문제 해결 방법은 아니다.

Change Shape: 앞의 원인에서 확인했듯이 가로수와 동일한 역할을 하는 물건을 만들 아이디어를 생각해볼 필요가 있다. 가로수의 역할을 보면 녹색의 나무 형상으로 심미감을 주고, 공기를 정화해주며, 더위를 피할 수 있는 그늘을 만들어 준다. 따라서 이 3가지 역할을 다 할 수 있는 장치를 만들면 되는 것이다. 교체의 원리에서 생각해낸 공기정화 장치에 모양을 바꾸는 이번 원리를 더해서 공기정화 장치의 모양을 가로수처럼 바꿔보자. 여기서 발생하는 추가적인 문제는 기존에 도로변에 있는 가로수의 수만큼 공기 정화장치를 만들면 많은 전력이 필요하며, 전력을 공급하기 위한 전선도 필요하게 된다는 점이다. 이 문제는 태양 전지를 이용하면 해결할 수 있을 것이다. 여기서 일반적인 태양 전지의 모양처럼 사각형으로 할 경우 심미감이 떨어질 수 있으므로 모양을 나뭇잎의 형태로 변형하면 괜찮을 것 같다.

IDEA

세상을 열광하게 한 발명품의 원리

앞에서 REAMS를 활용하여 다양한 아이디어를 만드는 과정을 우리가 잘 알고 있는 발명품과 필자의 특허 발명을 사례로 어떻게 적용할 수 있는지 살펴보았다. 아이디어를 만들기 위한 다양한 방법이 있겠지만, REAMS는 아주 기본적인 원리를 이용해서 누구나 쉽게 자신의 창의력을 발휘할 수 있도록 고안한 것이다. 이 REAMS를 기반으로 우리 일상에서 흔히 '메가 히트 제품'이라 불릴 정도로 세상을 열광하게 한 발명들의 원리를 살펴보고자 한다.

에어팟

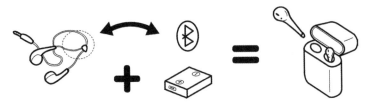

블루투스와 충전식 케이스를 이용한 에어팟

에어팟은 아이폰과 맥북 시리즈로 유명한 애플에서 내놓은 블루투스 이어폰이다. 에어팟의 가장 큰 혁신 포인트는 단순히 선 없이 음악을 들을 수 있다는 것을 넘어서 이어폰 자체를 터치해 음악 멈춤, 다음 음악으로 넘기기 등 원하는 제어 방식을 설정해서 사용할 수 있다는 점이다. 이 뿐만 아니라 에어팟 케이스에 에어팟을 집어 넣으면 배터리가 충전된다. 즉 케이스 자체가 충전기 역할까지 동시에 할 수 있다는 편리함으로 인해 출시되자마자 불타나게 팔려 나갔었다. 거기다 애플 고유의 심플한 디자인을 잘 접목시켜서 젊은이들 사이에선 하나의 패션 아이템이 되었다. 이후에 비슷한 컨셉의 케이스로 충전이 가능한 블루투스 이어폰이 많이 출시되고 있지만 시장을 선점해버린 애플의 에어팟의 인기를 따라잡을 수 없는 지경에 이르렀다.

문제의 발견

기존의 이어폰은 오랜 시간 사용하게 되면 핸드폰, 오디오 같은 음악 소스를 제공하는 디바이스와 사용자의 귀에 꽂는 이어폰 부분 사이의 케이블이 마모되어 파손된다. 또한 케이블을 잘못 접는 경우 케이블 내부의 구리선이 끊어지거나 접촉 불량이 쉽게 일어날 수 있다. 또한 이어폰을 끼고 활동량이 많은 운동 같은 것을 하다 보면 케이블이 어딘가에 걸려 방해를 받는 경우 또한 많다. 이런 문제를 해결하기 위해서 블루투스 같은 기술을 결합한 무선 이어폰이 시장에 나오기 시작했다. 하지만 휴대성 문제로 배터리 용량이 작아서 장시간 음악을 듣지 못하고 짧게 사용하고 충전을 해야 하거나, 이어폰만 있다 보니 분실하는 경우가 쉽게 발생하여 많은 소비자들이 유선 이어폰을 그대로 사용하고 있다.

문제 이어폰 케이블은 파손될 수 있으며 움직임이 많을 때 거추장스럽다. 무선 이어폰은 장시간 이용할 수 없으며 분실의 염려가 높다.

목표 장시간 이용 가능하며 분실의 염려가 낮은 이어폰

Why를 이용한 근본원인 파악

이어폰의 케이블은 음악 소스를 제공하는 디바이스로부터 사용자 귀에 음악을 전달해주기 위한 물리적인 매개체로 외부에 길게 노출되어 있다. 따라서 사용자가 활동하면 물리적인 충격이 발생할 수밖에 없다. 지속적인 충격은 케이블을 파손시킨다.

기존 무선 이어폰의 사용 시간이 짧은 이유는 휴대성을 높이기

위해 작은 크기로 만들다 보니 배터리의 크기도 함께 작아지기 때문이다. 따라서 지속적인 충전이 필요하다.

근본원인 이어폰 케이블은 외부의 충격을 받아 파손될 수밖에 없고, 무선 이어폰은 배터리가 작아서 지속적인 충전이 필요하다.

REAMS를 이용한 아이디어 도출

Remove: 먼저 기존의 이어폰을 각 구성품으로 나누면 크게는 이어폰과 케이블로 나눌 수 있다. 하지만 충격을 받아 파손이 되는 케이블을 삭제하면 음악 소스를 이어폰에 전달해주는 매개체를 잃게 된다. 현 구성품에서 삭제를 통한 개선은 쉽지 않아 보인다.

Exchange: 무선 이어폰의 경우처럼 블루투스 같은 기술과 이어폰 케이블을 바꾸어 음악을 전달하는 매개체로 활용한다. 그러면 자연스럽게 케이블이 없어지니 사용 중 충격을 받을 일이 사라진다. 적용할 수 있는 방법이다.

Add: 기존 무선 이어폰의 한계는 배터리의 용량이 작아서 지속적인 충전이 필요하다는 것이다. 휴대성이 높은 작은 크기의 고용량 배터리가 개발되지 않고서는 해결할 수 없는 문제다. 그래서 우리가 일상에서 많이 사용하는 보조 배터리의 개념을 활용해서 이어폰을 사용하지 않을 때 별다른 조치 없이도 충전될 수 있게 보조배터리 역할을 하는 케이스를 추가해준다. 추가로 기존 무선 이어폰이 가지고 있는 다른 문제인 분실에 대한 염려 또한 사용하지 않을 때 케이스에

넣어 충전과 동시에 보관을 해줌으로 확연히 줄일 수 있다.

Change Material: 기존의 이어폰 케이블을 훨씬 튼튼한 재질의 재료로 교체해서 파손을 줄이거나 막을 수 있다. 하지만 선이 없어지는 것은 아니기에 사용하는 도중 어딘가에 걸려서 충격을 받거나 걸리적거리는 문제는 여전히 해결되지 않는다.

Change Shape: 이어폰 케이블 모양을 바꿔서 충격을 줄일 수 있다. 흔히 칼국수 이어폰이라 불리는 제품처럼 케이블 모양을 칼국수 면처럼 넓적하게 만들면 줄이 꼬여서 받는 데미지 등은 없앨 수 있다. 하지만 근본적인 케이블이 물리적으로 존재하기 때문에 받는 충격은 완전히 제거할 수 없으며, 사용할 때 거추장스러운 문제는 해결할 수 없다.

조이 망가노의 미라클 몹

최근 몇 년 사이 가정용 물걸레 열풍이 불고 있다. 보통 청소할 때 바닥의 먼지를 빗자루로 쓸거나 진공청소기를 이용해 제거하고 나면 물걸레로 닦아서 남은 먼지를 제거하고 바닥을 깨끗하게 한다. 그렇다 보니 최근에 청소기를 만드는 가전회사에서 청소기에 장착하여 사용할 수 있는 물걸레 모듈까지 개발하는 등 선풍적으로 판매가 되고 있다. 이 물걸레 열풍을 불러일으킨 원조는 사실 따로 있다. 몇 년 전 실화를 바탕으로 만들어진 영화 〈조이JOY〉의 실존인물 조이 망가노Joy Mangano가 만든 미라클 몹Miracle Mob이다. 이 미라클 몹이라는 물걸레는 아주 단순하고 저렴하면서도 유용하다. 물걸레의 물기를 손으로 직접 짤 필요도 없으며, 마포걸레 부분이 낡으면 쉽게 바꿔줄 수 있다. 이 제품은 제품 개발자이자 창업자 조이 망가노가 직접 미국 홈쇼핑 프로그램에 출연하여 방송 한 번에 4만 7천 개의 제품을 판매한 전적이 있다. 당시에 10억 달러 이상의 매출을 올린 기록을 가지고 있기도 하다. 일반인이라도 누구나 일상의 불편한 문제를 발견해서 이를 해결하기 위한 아이디어를 생각하고 실제 제품으로 만들어 성공할 수 있음을 보여준 사례다.

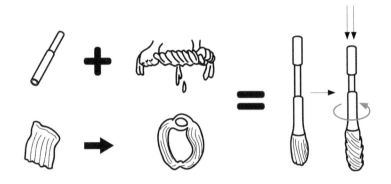

이중봉과 모양을 바꾼 걸레를 활용한 미라클 몹

문제의 발견

일반 물걸레는 손이나 발 혹은 도구를 사용하지 않고는 물기를 짤 수 없다. 특히 깨진 유리조각 같은 것들을 물걸레로 치우게 되는 경우 손으로 물기를 짜다가 사용자가 다칠 수 있다.

문제 손대지 않고 물걸레의 물기를 짤 수 없다.
목표 손대지 않고 물을 짤 수 있는 걸레

Why를 이용한 근본원인 파악

물걸레의 물기를 짜내기 위해서는 손이나 발을 이용해서 압착해야 한다. 그 이유는 물걸레의 마포걸레가 물기를 흡수하여 머금고 있기 때문이다.

근본원인 물걸레의 마포걸레가 물기를 머금고 있다.

REAMS를 이용한 아이디어 도출

Remove: 기존의 물걸레를 각 부분으로 분류해 보자. 물걸레는 크게 마포걸레와 이를 지지해주는 봉 부분으로 나눌 수 있다. 두 부분은 물걸레를 구성하는 최소한의 필수적인 부분이라 이 방법을 사용하기 어렵다.

Exchange: 마포걸레 부분을 굳이 짤 필요 없이 사용하고 버릴 수 있는 기저귀 같이 흡수가 좋은 것으로 대체할 수 있다. 그러면 마포걸레를 손으로 짤 필요는 없어진다. 하지만 대신 그만큼 많은 양의 일회용 마포걸레를 사용해야 되므로 자원낭비로 이어지니 궁극적인 해결책이 될 수 없다.

Add: 손을 대지 않고 마포걸레를 짤 수 있도록 장치를 추가하는 상상을 해 보자. 자동으로 물을 쉽게 짜줄 수 있도록 모터 및 물걸레 짜주는 장치를 제품에 장착할 수도 있다. 사업성 및 원가경쟁력을 고려하면 저렴하면서 최소한의 추가 구성으로 제품을 개선해야 한다. 이를 위해서 사람의 손으로 걸레를 짜는 동작을 잘 생각해보자. 걸레의 물을 짤 때 걸레의 양쪽 끝을 잡아서 비트는 동작을 하게 되는데 이 동작을 적용하는 것이다. 이렇게 하려면 걸레의 봉에 마포걸레를 잡는 부분이 두 군데 필요하다. 이 문제는 걸레봉을 커튼봉처럼 이중으로 만들어서 바깥쪽 봉을 하나 더 추가하면 해결할 수 있다. 즉, 안쪽봉과 바깥쪽 봉 끝에 각각 마포걸레의 양쪽 끝을 고정하는 것이다. 이렇게 구성한 후 안쪽봉과 바깥쪽 봉을 반대로 돌리면 손을 대지 않고 마포걸레를 짤 수 있다. 최근에 만들어진 미라클 몹은 봉 안쪽에 스크류를 더해서 안쪽봉을 밀어주는 동작만으로 마포걸레를 회전시킬 수 있게 발전시켰다. 하지만 일반적인 네모 반듯한 마포걸레의 모양으로는 이 아이디어를 실행하기 쉽지 않다.

Change Material: 마포걸레 부분을 물을 훨씬 많이 머금을 수 있는 재료로 변경하여 두세 번 짜주어야 할 동안 한 번만 짜주게는 할 수 있으나 근본적으로 손으로 물걸레를 짜는 문제를 해결할 수는 없다.

Change Shape: 단순히 마포걸레의 모양만을 바꿔서는 이 문제를 해결하기가 쉽지 않다. 앞의 추가 단계에서 생각해낸 이중 걸레봉 아이디어와 함께 마포걸레의 모양을 바꾸면 좋은 아이디어를 만

IDEA

들 수 있다. 실제 미라클 몹은 마포걸레의 양쪽 끝을 연결해서 걸레 자체를 원형의 고리 모양으로 만들었다. 그리고 양쪽 고리 중 하나에는 걸레봉이 통과할 수 있는 구멍을 만들어서 바깥쪽 걸레봉 끝에 걸리게 모양을 바꾸었다.

보아 시스템

낚시대 릴의 원리로 신발끈을 묶는 보아 시스템

최근 몇 년 전부터 등산복 시장이 커짐에 따라 등산화도 덩달아 많이 판매되고 있다. 그러면서 자연스럽게 등산화가 발전하게 되었다. 보아 시스템BOA System은 등산화에 기존의 신발끈 대신 들어가 쉽게 등산화를 신고 벗을 수 있게, 자신의 발에 맞게 조여줄 수 있도록 고안되었다. 이 기술의 편리성 때문에 최근에는 운동화 및 다양한 캐주얼화에도 적용되고 있다.

문제의 발견

신발끈으로 묶은 신발을 신고 활동하다 보면 걸을 때마다 신발에 충격이 가해져서 종종 신발끈이 풀어진다. 또한 신발끈을 풀고 묶고를 반복하는 과정에서 잘 묶지 못하면 시간이 오래 걸릴 수 있다. 그리고 신발끈을 잘못 묶으면 풀기 어려운 문제도 발생 할 수 있다.

문제 신발의 내부 사이즈를 조정하기 위해서 신발끈을 묶었다 풀었다 해야 한다.

목표 쉽게 풀고 죌 수 있는 신발

Why를 이용한 근본원인 파악

신발을 신고 활동하다 보면 자연스럽게 신발에 충격이 와서 신발끈이 풀어진다. 신발끈의 마찰력은 외부 충격을 받을 때마다 약해진다.

근본원인 신발끈은 신발이 외부 충격을 받을 때마다 마찰력을 잃어 풀어진다.

REAMS를 이용한 아이디어 도출

Remove: 신발의 각 구성 부분을 생각해 보자. 가장 쉬운 방법은 문제가 되는 신발끈 자체를 없애는 방법이다. 많이 신는 로퍼의 경우 신발끈이 없다. 하지만 군화처럼 신발을 사용자의 발에 딱 맞게 조일 수는 없다. 그렇다 보니 로퍼 같이 끈이 없는 신발을 신고 활동량이 많은 운동이나 등산 같은 것을 할 경우 신발이 쉽게 벗겨지거나 신발과 사용자의 발 사이에 틈이 자꾸 생겨 발의 피로도가 높아질 수 있다.

Exchange: 보아 시스템의 원리는 낚시대의 릴에서 시작되었다. 지속적으로 풀리는 신발끈 대신 낚시대의 릴을 적용했다. 릴은 쉽게 풀었다가 조일 수도 있으며 단위 면적이 실처럼 가늘어 거의 없다보니 마찰력의 영향을 받지 않는다.

Add: 상상력을 최대한 활용하여 이 문제를 해결하기 위해 부가적인 것을 추가해보자. 신발끈이 풀어지는 것을 막기 위해서 신발 끈 위에 천이나 가죽 같은 재질의 덮개를 올리고 덮어줌으로써 신발끈이 풀어지는 것을 막을 수 있다.

Change Material: 낚시대의 릴 원리를 적용한 아이디어는 신발끈을 대체하기 위한 교체이면서 재료를 바꾼 경우에도 해당된다. 신발끈을 낚시대의 줄과 같이 튼튼한 나일론 소재나 철사로 교체를 했기 때문이다.

Change Shape: 신발끈의 모양을 다양하게 바꿔서 신발끈의 마찰력을 극대화하는 방법을 찾아볼 수도 있다. 신발끈 자체를 구불구불한 형태로 만들어 잘 풀리지 않게 할 수 있지만 신발끈을 묶기 어렵다는 또 다른 문제에 부딪히게 된다. 따라서 모양을 바꾸는 방법으로는 근본적인 문제를 해결하기 어렵다.

VR 카드보드

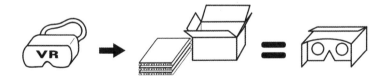

튼튼한 종이소재를 사용한 VR 카드보드

최근 스마트폰과 5G기술이 발달함에 따라 VR 컨텐츠가 발달하고 사용자가 급증하고 있다. 하지만 기존에 보유하고 있던 스마트폰과 별개로 VR 컨텐츠를 이용하기 위해서는 고가의 착용형 단말기를 추가로 구입해서 사용해야 한다. 그래서 최근에 VR 카드보드라는 물건이 등장했다. 이 VR 카드보드는 VR 컨텐츠를 이용하기 위한 단말기 구입 없이 자신의 스마트폰을 안경처럼 착용할 수 있게 해주는 장비로, 스마트폰의 화면을 통해서 VR을 즐길 수 있게 해준다.

문제의 발견

회사가 VR 카드보드를 생산하기 위해서는 제품을 찍어낼 수 있는 플라스틱 사출 장비에 대한 투자가 필요하다. 또한 고객에게 판매될 제품에 이러한 투자비용이 포함되다 보니 제조원가 및 판매가격이 올라가게 된다. 시장 조사를 한 결과, VR 컨텐츠의 수요가 가장 강한 10대들이 제품 구입을 위해서 지불할 수 있는 금액 수준은 만원 미만으로 파악되었다. 경쟁사보다 저렴하게 VR 카드보드를 생산하고 판매할 수 있는 방법이 없을까?

문제 신제품 개발 및 생산을 위해서 플라스틱 사출 장비 투자를 해야 한다. 투자비가 포함된 제품의 판매 가격은 고객에게 부담스럽다.

목표 저렴한 VR 카드보드

Why를 이용한 근본원인 파악

금속재질 혹은 플라스틱 재질의 제품을 대량으로 생산하기 위해서는 금형 혹은 플라스틱 사출 장비를 늘려야 한다. 동일한 모양의 제품을 대량으로 생산하기 위해서다.

근본원인 금속 혹은 플라스틱 재질의 제품은 대량 생산을 하기 위해서는 설비를 늘리기 위한 투자를 해야 한다.

REAMS를 이용한 아이디어 도출

Remove: VR 카드보드의 각 구성 부분을 나누어 보자. 스마트폰을 넣을 수 있는 바디 부분, 스마트폰 스크린을 사용자가 볼 수 있는 렌즈 부분, 두 렌즈 사이를 분리하는 가이드 부분, 마지막으로 고정을 하기 위한 밴드로 크게 구성을 나눌 수 있다. 모두 VR 카드보드의 기능을 위해서 필요한 구성으로 제거하기에 적절한 부분이 떠오르지 않는다.

Exchange: 각 구성 부분을 대체할 수 있는 것이 무엇일지 상상해 보자. 하지만 역시 마땅히 대체할 수 있는 부분이 떠오르지 않는다.

Add: 저렴한 비용의 VR 카드보드를 만드는 것이 목표인 상황에서 무엇을 추가해서 개선하기란 쉽지 않아 보인다. 오히려 무엇인가 추가하는 것만큼 제조원가만 높아질 것이다.

Change Material: VR 카드보드의 제품 재질을 금속 혹은 플라스틱에서 종이로 바꿔보자. 그것도 형태를 오랜 시간 튼튼하게 유

지하기 위한 골판지 같은 재질로 바꿔보자. 그리고 완성된 형태의 제품을 고객에게 판매하는 것이 아니라, 사용자가 직접 접어서 조립할 수 있도록 제공하면 조립비용도 없어지므로 재료비를 포함한 제조 원가를 절감할 수 있게 된다. 또한 고객이 구입할 수 있는 금액이 몇 천원 수준으로 확연히 떨어져서 구입 부담이 줄어들며, 저렴한 구입 비용만큼 아낌없이 사용하고 손상되면 새로 구입할 수 있으므로 판매량을 늘릴 수도 있다.

Change Shape: VR 카드보드의 제품의 디자인을 바꾸면 재료비나 금형 투자 비용은 적게 들일 수 있다. 하지만 혁신적으로 제조 원가를 낮추기에는 한계가 있다.

제2장

반짝이는 아이디어를 발견하는 방법

ideas

좋은 아이디어를 위한 능력

좋은 아이디어를 만들어내는 데 필요한 특별한 자질이나 조건이 있을까? 비슷한 환경에서 자라나 똑같이 학교를 다니고, 같은 회사에서 동일한 직무를 맡아도 사람들은 저마다 다른 삶을 산다. 각자 생각하는 것이 다 다르고, 이루는 성과도 너무나 다양하다. 또한 누구는 추상적인 아이디어를 떠올리는 것에만 그치는 사람이 있는가 하면, 또 다른 누구는 자신의 아이디어를 발전시켜서 사업화 단계까지 이르기도 한다.

이렇게 다양한 삶이 존재하는 이유는 사람들마다 가지고 있는 성격과 특성이 다 다르기 때문이다. 그렇다면 유독 창의력이 뛰어난 사람, 아이디어가 넘치는 사람들의 공통적인 특성이 존재한다는 말이 된다. 흔한 말로 발명가의 자질, 아이디어를 잘 만들어내는 사람들에게서 보이는 자질에는 어떤 것이 있을까? 자신이 가지고 있는 자질을 한 번 평가해 보고, 강한 부분이 있다면 좀 더 부각시키고 부족한 부분은 보완해 나간다면 창의력을 발휘하여 남들이 생각하지 못한, 차별화된 당신만의 아이디어를 창출하는 길이 더 빨라지지 않을까?

일상을 자세히 보는 관찰력

아이디어는 해결해야 할 과제, 즉 우리 일상에서 불편한 문제점을 찾는 것에서부터 시작된다. 나는 일상생활을 하며 당연하게 여겨왔던 것들에 대해서 '왜 꼭 이렇게 해야 하지? 왜 그래야만 할까?' 같은 질문을 통해서 문제를 발견했다. 이 과정에서 선행되어야 하는 것은 질문하기 위한 대상을 먼저 찾는 일이다. 예를 들어 카페에 여러 명이 나란히 앉아서 노트북을 사용하고 있다고 가정해보자. 이 광경에 대해서 어떤 이는 '카페에 사람이 많네.'라고만 생각할 수 있고 다른 어떤 사람들은 '카페에 학생으로 보이는 사람들이 나란히 앉아서 노트북을 하고 있네. 학교 과제를 함께 하기 위해서 모인건가?', '노트북으로 과제를 하는 것 같은데, 4명은 L사 노트북을 사용하고 있고, 1명은 A사 노트북을 사용하고 있네. 학생들 사이에서 L사 노트북이 인기가 좋은가보다. 아마도 L사 노트북이 A사 노트북에 비해서 저렴하기 때문인가?'라고 더 구체적인 생각을 할 수 있다. 이렇게 동일한 현상을 바라보는 각자 다른 사람들의 시각, 즉 관찰력에 따라서 문제를 정의하는 기준이 달라진다. 어떻게 정의하느냐에 따라 동일한 현상에서 얻어낼 수 있는 정보와 추론할 수 있는 것들이 차이를 이룬다. 우리는 살아가면서 다른 이들과 비슷한 환경에서 비슷한 현상을 겪기 일쑤다. 하지만 관찰력의 차이에 따라서 우리가 볼 수 있는 것과 얻을 수 있는 정보는 천차만별이다.

아이디어는 결국 해결해야 할 문제를 많이 찾아야 많이 낼 수 있다. 문제를 규정하기 위해서는 우리가 의문을 가지고 질문할 수 있는 현상을 포착해야 한다. 그렇기 때문에 관찰력은 발명가로 가기 위한 자질 중 첫 번째라 할 수 있다.

관찰력은 어떻게 키울 수 있을까?

관찰력을 기르기 위한 전문화된 교육프로그램이나 학습법은 따로 없다. 군이 연결을 해보자면 '소비자행동론'이나 '마케팅조사론' 같은 과목들이 연관성이 있을 것 같다. 기업에서 고객에게 제공하고자 하는 상품이나 서비스를 기획하는 일은 고객의 니즈를 파악하기 위해 타겟 소비자의 생활을 관찰하는 것에서부터 시작된다. 나의 경우 대학원 생활을 하면서 공모전을 준비하며 발명가 활동을 시작했다. 그러나 본격적인 사회생활을 시작하면서 회사에 적응하기 위해 많은 에너지를 들이다보니 자연스럽게 시야가 좁아졌던 것 같다. 그렇게 대학원 졸업 후 특허 출원을 멈추게 됐다. 그 이후부터는 남들처럼 쳇바퀴 도는 생활의 연속이었다. 탁상공론을 일삼는 사무직 업무를 하다 매너리즘까지 왔다. 새롭고 신선한 자극이 필요했다. 그래서 한국 시장의 현장 영업을 지원하는 업무에 자원해서 직무를 변경하였다.

그 일을 하는 2년이란 시간 동안 고객들이 실제로 물건을 사러 오는 가전 양판 매장이나 할인점에서 굉장히 많은 시간을 보내게 되었다. 처음 낯선 장소에 가면 긴장감으로 인하여 시야가 좁아져 많은 것들이 눈에 들어오지 않는 것처럼, 나 또한 장사와 영업을 어떻게 해야 할지 전혀 감이 잡히지 않았다. 하지만 3개월 정도 지난 후부터는 신세계의 연속이었다. 같은 냉장고나 TV 제품이라도 사러 오는 고객들은 아주 다양했다. 어떤 제품은 어떤 특징을 물어보고 구입을 하는지, 어떤 제품을 성능이나 브랜드가 아닌 가격을 중요시하고 사는지, 또한 판매사원이 어떻게 응대해야 판매율이 높아지는지 등 그전까지는 볼 수 없었던 많은 것들이 보이기 시작했다.

2년 후 본사에 복귀해 현장에서 배운 것을 토대로 사업전략을 수립해서 실제 판매로 이어질 수 있도록 만드니 자연스럽게 실적이 좋아졌다. 모든 답은 현장에 있다는 말을 직접 체험해본 좋은 경험이었다. 재미난 건, 이 시기를 거치고 난 이후 아이디어가 넘쳐나기 시작했고 특허 출원 활동도 재개하게 되었다. 오히려 직장을 다니면서 대학원생일 때 생각했던 아이디어보다 훨씬 양질의 아이디어를 많이 낼 수 있었다. 정확하게 표현하면 이런 아이디어를 만들기 위한 시발점인 해결하고자 하는 문제를 많이 발견한 것이다. 아이디어의 시작은 많은 사람들이 오가는 시장에서 사물이나 현상을 주의 깊게 살펴보는 것에서 시작된다. 나는 지금도 좋은 아이디어가 필요할 때면 사람들이 많은 백화점이나 시장, 때로는 사람 많은 카페에 들어가서 몇 시간씩 그냥 그곳의 사람들이 무엇을 하는지 지켜보며 영감을 얻는다.

사람들이 많은 장소에 나가서 관찰하는 훈련법 외에 숨은 그림 찾기나 틀린 그림 찾기를 해보는 것도 좋을 수 있다. 똑같아 보이는 것에서 차이점을 잘 찾아내는 것이 곧 관찰력이 좋다는 판단 기준이 될 수 있기 때문이다.

새로운 것에 대한 호기심

어렸을 때 많이 읽었던 훌륭한 과학자나 발명가들의 위인전을 보면 그들이 아이였을 때부터 호기심이 풍부했다는 사실을 알 수 있다. 먼저 호기심의 사전적 의미를 찾아보면 '새롭고 신기한 것을 좋아하거나 모르는 것을 알고 싶어 하는 마음'으로 정의되어 있다. 새롭고 신기한 경험들은 당신의 시야를 넓혀주는 데 도움이 된다. 남들과 차별화된 생각을 하고 좋은 아이디어를 만들기 위해서는 남들이 보지 못한 것을 보고 남들이 알지 못한 것을 깨달아야 한다. 대부분의 사람들이 선택할 수 있는 생각의 카드가 열 장이라면 카드를 한 장이라도 더 가지고 있는 사람이 좋은 생각을 하는 데 더 유리할 것이다. 이 생각의 카드는 호기심에 의해서 생활에서 누적된다. 어떤 사람은 카페에 가면 새로 나온 메뉴를 도전해보는 것을 좋아한다. 반면에 어떤 사람은 똑같은 것만 시켜 먹는다. 새로운 것을 시도해보는 것을 좋아하는 사람은 시간이 지남에 따라 커피 및 음료에 대한 지식이 많아지고 자신이 경험해 본 다양한 메뉴들 중에서 '어떤 게 나와 더 잘 맞는 것 같다'는 자기만의 기호를 분명히 할 수 있게 된다. 이 뿐만 아니라 필요에 의해서는 다른 사람들에게 잘 맞을 것 같은 음료를 추천할 수도 있게 된다. 반면에 새로운 시도를 꺼려하는 성향의 사람은 항상 먹는 것만 먹다 보니 자기 입맛에 더 잘 맞을 가능성이 있는 음료가 있다는 것을 모른 채 살아가게 된다. 자주 가던 카페가 아닌 새로운 곳에서 자신이 고집해오던 음료 외의 것들만 판매하고 있다면, 경험 부족으로 인해 당황하거나 그곳에서 추천해주는 대로 마실 수밖에 없게 된다.

호기심이 많은 사람은 모르는 것을 지속적으로 알아가고자 하는 성향이 강하다. 그러니 자연스럽게 상식이 풍부해진다. 반면에 그렇지 않은 사람은 모르는 것을 누가 알려주기 전까지 모르는 채로 계속 살아간다. 그러므로 상식이나 지식이 늘어나는 속도가 상대적으로 호기심이 강한 사람에 비해서 많이 더디다. 시간이 지남에 따라 호기심이 강한 사람이 더 많은 지식을 쌓아가는 것은 당연한 결과다.

호기심은 어떻게 키울 수 있을까?

어떤 사람들은 호기심이 타고 나는 것이라고 말한다. 내가 생각하기에도 나이가 들수록 시행착오를 겪는 것을 싫어하게 되고, 잃을 것이 많아지다 보니 성향 자체가 안정을 추구하는 방향으로 바뀌는 것 같다. 어린 아이에 비해서 어른의 호기심이 부족한 것은 어쩔 수 없는 현상일지도 모른다. 하지만 호기심을 향상시키는 것은 불가능한 일이 아니라 자신의 삶의 태도에 달려 있다고 생각한다. 앞에서 반복된 일상에서 벗어난 새로운 경험을 쌓아 신선한 자극을 지속적으로 주라고 했던 것처럼, 최소한 한 달에 한 번은 기존에 내가 머무르던 환경에서 벗어나는 색다른 시도를 해보자. 새로운 장소에 가서 새로운 음식을 먹어본다거나, 새로운 사람들을 만나서 이야기를 나누어 보자. 시도만으로도 당신의 호기심을 충분히 자극할 수 있다. 또한 평소에 식당이나 카페에 갈 때, 새로운 메뉴가 있다면 자꾸 시도해 보면 어떨까? 새롭고 비싼 물건을 사 보는 것은 부담일 수 있지만, 한 끼에 만 원 정도, 한 잔에 오천 원 내외의 음료는 우리의 새로운 시도에 대한 투자비용으로서는 큰 부담이 없을 것이다.

또 하나의 방법이 있다면 모르는 것이나 궁금한 것에 대해서는 가능하면 그 자리에서 곧바로 찾아보는 습관을 기르는 훈련을 하는 것이다. 우리 모두 스마트폰을 사용하고 있는 시대에 살고 있다. 그렇다 보니 굉장히 어려운 수학 문제나 전문지식과 관계된 것이 아니고서야 웬만한 상식이나 기초지식들은 인터넷에서 쉽게 검색할 수 있다. 이것이 쌓이고 쌓이면 무시할 수 없는 수준으로 당신을 박학다식하게 만들어 줄 것이다. '아는 만큼 보인다'라는 말이 있다. 알아야 볼 수 있고, 알아야 문제도 찾고 해결할 수 있다.

현재를 벗어난 상상력

상상력은 아이디어를 만드는 데 있어 핵심이 되는 역량이자 자질이라고 생각한다. 우리는 보통 상상력을 창의력과 동일한 의미로 사용한다. 상상력은 실존하지 않거나 경험해보지 않은 것을 머릿속으로 그려내는 능력이다. 실제로 우리가 만들고자 하는 아이디어나 발명 등은 기존에 없던 것이다. '상상력이 좋다'라는 말은 다르게 해석하면, 생각을 할 때 고정관념에 얽매이지 않는다는 것이다. 또한 대부분의 사람들이 당연하게 여기는 것에서 벗어난 답을 제시할 수 있다는 뜻이다.

예전에 일본의 어떤 공익광고를 본 적이 있다. 초등학생에게 그림을 그려오는 숙제를 내주었는데, 한 아이는 도화지에 검정색 칠만 하고 있었다. 며칠 동안 여러 장의 도화지에 검정색 칠만 했다. 부모님과 선생님이 걱정스러운 눈빛으로 그 아이를 바라보는 장면이 나왔다. 다른 아이들은 도화지에 예쁜 꽃도 그리고 동물들도 그리고 있었다. 이 영상의 마지막 부분은 다들 그린 그림을 전시하는 장면이었는데, 검은색으로 종이를 채우던 아이는 도화지 한 장에 그림을 그린 것이 아니었다. 여러 장의 도화지에 걸쳐서 대형 고래 그림을 그렸던 것이다. 이 아이는 여러 장의 도화지를 사용하여 실제에 가까운 크기의 고래를 표현하고 싶었던 것 같다. 그 과정에서 어른들은 고래 몸통을 표현하기 위해서 검정색으로 칠하던 장면만 보고 걱정했던 것이다. 이처럼 대부분 사람들에게 그림을 그려보라고 하면 종이를 한 장만 써서 그릴 것이다. 무엇을 그리든 실제 사이즈에 맞게 크게 그릴 생각을 하지 않고, 주어진 종이 크기에 맞춰 표현할 것이다. 상상력은 바로 이런 것이다. 우리가 만들어 놓은 문명과 사회적 통념이나 규칙에 한정되지 않고 새로운 생각이나 새로운 개념을 만들어내는 것이다. 이런 상상력이 우리가 당연시 여기던 것들을 바꾸고 더 편한 세상을 만들 수 있다.

상상력은 어떻게 키울 수 있을까?

어린 아이들의 상상력이 어른들보다 좋다는 것에 대해서는 다수가 동의할 것이다. 지식과 경험으로 인한 고정관념이 쌓이기 전이기 때문에 어른에 비해 사고가 굉장히 유연하다. 또한 고학력보다는 저학력이 쌓아온 지식이 적어서 머릿속 지식의 틀에 사로잡히지 않고 유연한 사고를 하기에 유리하다. 대표적인 예가 현대그룹의 창업주 정주영 회장이다. 그는 지금으로 치면 초등학교만 나온 사람인데, 간척사업을 할 때 바다를 메우기 위해 유조선을 가라앉혀 바닷물을 막아 공사를 진행했다. 이전에 세계 어디에도 이런 사례는 없었다고 한다. 틀에 박히지 않은 유연한 사고의 결과물이다.

하지만 우리는 이미 대한민국이란 나라의 좋은 교육 시스템 아래에서 자라왔다. 많은 사람들이 대학교를 졸업했고, 또 어떤 사람들은 대학원까지 졸업했다. 이미 알게 모르게 자신이 배워온 것들에 한정되어 있는 사고의 고정관념을 가지고 있다. 나 또한 긴 시간 상상력을 높이기 위한 방법을 찾아왔다. 그래서 내놓은 이론이 바로

REAMS다. 아이처럼 유연한 사고를 할 수 없다면 반대로 더 많은 지식을 쌓고 그것을 상상하고 생각하는 과정에 체계적으로 사용하여 더 많은 경우의 수를 만들어보는 것이다. REAMS를 숙지하고 내가 속한 분야의 지식 외에 다양한 경험을 쌓는다면 지금보다 훨씬 더 빨리 많은 것들을 상상할 수 있게 될 것이다.

구체적으로 설명하는 표현력

아이디어를 만드는 과정에서 문제를 정의하거나 내 머릿속에 있는 것을 때로는 남들에게 설명하거나 표현해야 할 때가 있다. 단적인 예로 좋은 아이디어를 특허 출원 하기 위해서도 특허 명세서라는 것을 작성해야 한다. 특허 명세서에는 내 발명에 대한 상세한 설명, 도면, 다른 발명과의 차별점, 내 발명의 권리 등이 모두 표현되어야 한다. 특허 등록 여부를 판단하는 심사관들이 이 내용을 보고 결정하기 때문이다. 또한 당신이 문제를 찾아 정의하고 해결하는 과정에서 필요하면 관련된 사람들이나 주변인들에게 내가 원하는 질문의 좀 더 명확한 답을 얻기 위해서 질문을 해야 한다. 그러기 위해서 내 아이디어를 자세하게 설명해야 할 때도 있다. 당신의 아이디어를 이용하여 공모전에 출품을 하거나 사업화를 하기 위해서도 많은 이들에게 내 아이디어를 잘 설명해야 그들의 도움이나 지지를 이끌어낼 수 있다. 머릿속에 아무리 좋은 것이 있다고 할지라도 그것을 제대로 표현하지 못하면 그대로 사장되기 마련이다. 나는 대학원생일 때 공모전에 처음으로 도전했다. 경험이 없어서 정확하게 무엇을 어떻게 표현해야 하는지 모른 채 그저 의욕만 앞섰다. 아이디어를 구체화해서 심사관들의 이해를 돕기 위한 표현을 해야 하는데, 표현력이 떨어지다 보니 극단적으로 아이들 장난 같은 그림을 첨부하여 출품하게 되었다. 당연히 탈락이었다. 아무리 좋은 생각을 가지고 있어도 남들의 호응을 이끌어내지 못하면 가치가 없다. 이와 반대로 스티브 잡스Steve Jobs를 떠올려 보자. 프레젠테이션의 대가로 유명한 그는 애플의 신제품이 나올 때면 직접 신제품 발표회에 나와서 제품을 세상에 소개했다. 애플에서 만든 제품 자체가 뛰어나기도 했지만 사용자의 눈높이에 맞추어 제품의 특장점과 가치에 대해서 표현을 잘 했기 때문에 더 많은 주목을 받고 더 많은 판매로 이어진 경우다.

이처럼 자신이 가지고 있는 생각을 구체화하고 스스로에게 표현하고 점검을 하는 과정을 거쳐야 오류도 발견하고 자신의 아이디어를 더욱 발전시킬 수 있다. 그렇기 때문에 표현력은 아이디어를 만들기 위한 필수 역량이다.

표현력은 어떻게 키울 수 있을까?

표현력은 방식에 따라 다양하게 나눌 수 있다. 말로 설명하는 것, 글로 설명하는 것, 그림을 활용하는 것이다. 이 세 가지 표현법 모두 연습으로 충분히 향상시킬 수 있다. 우선 말로 설명하는 것은 자신의 아이디어를 입 밖으로 내어 표현해보는 연습이 필요하다. 나도 뭔가 아이디어가 생기면 프레젠테이션 하듯이 거울을 보고 스스로에게 아이디어의 장점에 대해서 설명을 한다. 이 과정을 통해서 아이디어의 오류나 보완해야 할 점도 발견할 수 있으며 좀 더 정밀하게 아이디어를 다듬어 갈 수 있다. 두 번째가 글로 설명하는 것이다. 먼저 말로 어느 정도 설명이 가능해지면 글로 풀어서 표현을 한다. 주로 아이디어를 메모하고 저장해두기 위해서거나 훗날 특허 출원, 공모전 출품 혹은 사업제안 등을 하기 위해서이다. 사람의 기억력은 휘발성이 강하다. 그렇기 때문에 반드시 어딘가에 글로 저장을 해두어야 한다. 말로 설명하는 것은 대다수의 사람들이 잘 해내지만, 글로서 표현하는 것은 상대적으로 어렵게 느껴질 수 있다. 그렇기 때문에 글로 내 아이디어를 정리한 다음 메모한 내용을 소리내어 읽으며 논리적으로 타당성이 있는지 살펴보면 도움이 된다. 마지막으로 그림을 사용해 표현하는 방법이다. 아무래도 말이나 글로만 표현하는 것보다 시각화해서 보여주는 것이 이해를 돕기 위한 좋은 방법이다. 그림을 잘 그리는 사람은 큰 걱정을 하지 않아도 되겠지만, 그림에 재능이 없거나 지금 당장 그림 그리기를 배워서 써먹기 어렵다면 관련 소프트웨어를 배워보는 것이 훨씬 빠르고 쉬운 길이다. 다양한 3D 모델링 툴부터 일러스트레이터 등을 사용해보자. 이도 어렵다면 파워포인트를 활용하여 간단한 도형으로도 자신의 아이디어를 정리하고 설명할 수 있다.

지금부터 실천하는 실행력

실행력은 오늘날 기업에서 가장 중요시 여기는 역량이다. 아무리 좋은 경영 전략이 있더라도 실행할 수 있는 주체가 없으면 죽은 전략과 마찬가지다. 그래서 역으로 그 기업의 실행 역량을 먼저 평가하고 거기에 맞춰 현실적으로 가능한 수준의 경영 전략을 수립하라고 말하기도 한다. 아이디어를 만드는 과정에서도 실행력이 동반되지 않는다면 아무리 좋은 아이디어가 내 머릿속에서 번뜩이더라도 사라지는 것은 순간이다. 주변에서 아이디어가 많다고 말만 유창하게 하는 사람을 우리는 쉽게 볼 수 있다. 그런 사람들의 특징은 무언가 순간적으로 번뜩 떠올랐을 때 말은 쉽게 하지만 이후에 이 아이디어에 대한 메모라든지, 이게 현실적으로 실현이 가능한 것인지 따져보는 등 실제 아이디어를 현실화할 수 있는 일련의 활동을 전혀 하지 않는다는 것이다. 이런 이야기가 있다. 백 명이 동일한 사업 아이디어를 생각한다면 오십 명이 주변에 얘기를 하는 것에서 끝이 나고 한 명 정도만 실제로 사업을 하게 된다는 것이다.

정주영 회장의 일화 중 한겨울에 잔디 대신 보리를 심었던 일이 있다. 미국의 전 대통령 아이젠하워Dwight Eisenhower가 부산에 있는 유엔군 묘지를 방문하기로 했을 때, 미군 측에서 정주영 회장에게 묘지 부근의 잔디를 푸른 잔디로 바꿔 달라는 요청을 했다. 상식적으로 한겨울에 생생한 잔디를 구하는 것은 불가능에 가깝다. 하지만 정주영 회장은 부산의 유엔군 묘지에 막 싹이 나기 시작한 보리를 심어

푸른 잔디가 깔려 있는 것과 흡사한 효과를 냈다. 12월에 보리의 새 싹이 파랗게 난다는 것을 정주영 회장만 알고 있지는 않았을 것이다. 그러나 그에게 강한 실행력이 있었기에 이 일을 할 수 있었다. 알고 있는 것과 실행하는 것은 하늘과 땅 차이다. 지금 당신의 머릿속에만 맴돌고 있는 아이디어가 어쩌면 당신의 인생뿐만 아니라 세상을 바꿀 수도 있다.

실행력은 어떻게 키울 수 있을까?

실행력과 관련된 자기계발서는 시중에 이미 많이 나와 있다. 그럼에도 불구하고 우리는 실행력을 향상시키는 것을 굉장히 어려워한다. 나 또한 실행력을 극대화하기 위한 고민을 항상 해왔지만 생각만큼 쉽게 되지는 않는다. 그래서 생각해 낸 방법이 '소확행' 전략이다. 소확행은 '소소하고 확실한 행복'이란 뜻으로, 어렵거나 복잡한 것이 아니라 간단한 무엇인가를 오늘 실천함으로써 행복감을 느끼는 것이다. 내가 진정으로 좋은 발명가나 아이디어 기획자가 되고 싶다면 좋은 습관을 만들어야 한다. 문제를 발견하는 것부터 좋은 아이디어를 떠올리는 훈련까지 많은 것들이 어느 정도의 시간을 투자해야지만 습관화되고 체계화된다. 그렇기 때문에 기획하는 일의 입문자라면 하루에 하나씩만 문제를 찾고, REAMS를 활용하여 아이디어를 만들어서 메모해 보자. 뛰어난 질문이거나 양질의 아이디어일 필요는 없다. 우선 이렇게 '소확행' 컨셉으로 매일, 소소하게 하는 것이 중요하다. 매일매일 하다 보면 어느 순간부터는 자연스럽게 하게 될 것이고 앞에서 하던 생각보다 발전된 생각을 자연스럽게 할 수 있게 될 것이다. 뿐만 아니라 재미를 붙이게 되면 누가 뭐라고 하지 않아도 하루에 수십 개의 문제를 정의하고 수백 개의 아이디어를 조합해서 만들게 된다. 그러니 첫 단추는 우선 하루에 한 개씩 문제 정의, REAMS를 활용한 아이디어 도출, 아이디어 메모의 단계로 채워보길 제안한다.

위에서 설명한 것 외에도 긍정적인 마인드와 포기하지 않는 끈기 등이 필요하다. 토마스 에디슨이 전구를 발명하기 까지 천 번이 넘는 실패를 했다고 한다.

실패한 아이디어는 없다. 다만 지금 해결하고자 하는 문제의 답이 아닐 뿐이다. 또한 실패는 이 문제의 답에 점차 다가가고 있다는 증거이기도 하다. 그러니 오늘 당장 좋은 답을 얻지 못하더라도 긍정적인 마인드로 내일 더 잘할 수 있다는 신념을 가지고 지속해야 한다.

#idea

실패한 아이디어는 없다.
다만 지금 해결하고자 하는
문제의 답이 아닐 뿐이다.
또한 실패는
이 문제의 답에 점차 다가가고 있다는
증거이기도 하다.
그러니 오늘 당장 좋은 답을
얻지 못하더라도
긍정적인 마인드로
내일 더 잘할 수 있다는
신념을 가지고 지속해야 한다.

생활 속에서
돈이 되는 아이디어를
발견하는 방법

많은 사람들이 좋은 아이디어는 저 멀리 있는 다른 세상, 다른 사람들의 얘기인 것처럼 생각한다. 하지만 아이디어는 멀리 있지 않다. 당신의 일상 가까이에 이미 너무나도 많은 아이디어거리와 해결해야 할 문제들이 산재해 있기 때문이다.

우선 일상에서 당신이 불편함을 느끼고 있는 것들을 정리해보자. 그리고 조금 더 나아가 당연하게 여기고 있는 것들이지만 '왜 꼭 그렇게 해야만 할까?'라는 의구심이 드는 것들도 정리해보자. 세상에 당연한 것은 하나도 없다. 우리가 일상에서 이미 불편해 하는 것에서부터 출발해서 발명으로까지 이어져 일상에서 흔하게 쓰는 제품으로 탄생하는 것이다.

우리가 익숙하게 사용하고 있는 전구를 생각해 보자. 밤에 책을 읽고 싶어도 읽지 못하는 것에 대한 불편함에서부터 에디슨의 연구가 시작되었다. 스티브 잡스의 아이폰은 또 어떠한가? 스마트폰이 없던 시절에는 외출할 때 핸드폰, MP3 플레이어, 노트, 연필, 노트북 등 수많은 물품을 가방에 넣어서 들고 다녀야만 했다. 이런 불편함을 해결하고자 이 모든 것이 하나로 통합될 수 있는 스마트폰 개념을 고안해서 오늘날의 아이폰으로까지 발전한 것이다. 이뿐만 아니다 조이 망가노에 의해 개발된 미라클 몹은 어떠한가? 미라클 몹이 등장하기 전부터 우리는 물걸레를 사용해 왔다. 어쩌면 물걸레의 시초는 몇 백 년 어쩌면 몇 천 년 전일 수도 있다. 이렇게 오랜 시간 동안 우리가 익숙하게 여기며 사용해오던 물걸레에서 불편함을 발견하고 개량하여 조이 망가노를 부자로 만들어준 미라클 몹이 탄생했다. 이처럼 당신 일상에 어쩌면 당신을 부자로 만들어줄지도 모르는 아이디어의 원천이 되는 소스들이 곳곳에 이미 널려 있다. 다만 그것을 우리가 발견하지 못하고 있을 뿐이다. 일상의 빛나는 발견을 위한 방법에는 어떤 것이 있을까?

오픈 마인드를 가지기 위해서 노력하자

세상에 당연한 것은 하나도 없다. 항상 어떤 현상, 특히 당연하게 여기던 현상에 대해서 의문을 가져보기 위한 노력을 하라. 뉴턴

Isaac Newton에 의해서 발견된 만유인력의 법칙을 생각해보자. 그 당시 사람들에게 나무에서 사과가 떨어지는 것은 아주 당연한 현상이었다. 하지만 그 당연한 현상에도 중력이라는 이유가 존재했다. 당시에 이 현상에 유일하게 관심을 가졌던 한 물리학자에 의해서 만유인력의 법칙이 발견되었다. 영화 〈매트릭스〉를 보면 주인공 네오는 자기가 살아가는 세상이 현실이라고 여기고 당연한 것이라고 생각하며 살아왔지만 모피어스가 건네준 알약을 먹고 진실의 눈을 떴을 때 지금껏 보지 못한 세상과 직면하게 되었다. 이처럼 당신이 마음을 어떻게 먹고 세상을 어떤 방식으로 바라보느냐에 따라서 이전에 볼 수 없었던 수많은 문제를 발견할 수 있게 된다.

전 세계에 각 국가들의 문화가 전부 다르다. 특정 국가에서 사업을 하기 위해서는 그 나라의 문화나 특성을 알지 못하고는 실패하기 마련이다. 신입 사원 때, 인도 출장을 몇 번 다녀온 일이 있다. 당시에 인도 문화나 생활 습관에 대해서 전혀 알지 못했는데, 출장지에서 현지 주재원 및 현지 법인직원들과 식사를 할 일이 몇 번 있었다. 그때 당시 왼팔을 테이블 위에 올려놓고 밥을 먹는 습관이 있었는데 어느 날 저녁 식사에서 인도 현지인 매니저가 식사할 때 왼팔을 식탁에 올리는 것이 인도에서는 굉장히 큰 결례임을 내게 알려주었던 적이 있었다. 미처 생각지도 못한 일이었다. 내게는 하나의 습관이었을 뿐인데, 이것으로 말미암아 함께 식사하던 사람들은 불쾌감을 느끼고 있었다는 것이다. 문화적인 충격이었다. 또한 인도에서 하나 놀라운 경험을 했던 것은 대다수의 인도 현지인들이 노트북을 사용할 때

마우스를 따로 쓰지 않는다는 것이었다. 우리는 노트북 사용의 편리를 위해서 대부분 마우스를 이용한다. 많은 기업들이 노트북을 판매할 때 사은품으로 마우스를 제공하는 것만 봐도 알 수 있다. 하지만 놀랍게도 인도 현지인들은 마우스 없이 엑셀, 파워포인트를 자유자재로 다루었다. 게다가 어떤 현지 직원은 노트북의 터치패드로 파워포인트를 아주 화려하게 꾸미기까지 했다. 나로서는 도저히 불가능에 가까운 일이고 전에는 시도조차 할 생각이 없던 일이었다. 이렇게 인도를 두세 번 정도 더 다녀오고 나서는 인도 사람들에 대한 이해도가 훨씬 높아지고 다른 외국인들에 대해서도 마음을 훨씬 더 열어놓게 되는 나 자신을 발견할 수 있었다. 식사 할 때 왼팔을 올려놓는 습관도 고쳤다.

　　멀리서 찾아볼 필요도 없이 가까운 회사 안의 유관 부서나 지역 특성만을 살펴보아도 이런 현상은 쉽게 발견할 수 있다. 내가 다니고 있는 제조기업 같은 경우 각 부서마다 입장이 다 달라서 똑같은 문제가 발생하였을 때, 너무나도 다른 면에 집중하게 된다. 예를 들어 A라는 제품을 잘 팔고 있다가 품질 이슈가 발생하여 출하 정지가 되었다고 가정하자. 그러면 영업 부서에서는 당장 매출이 떨어진다고 아우성이다. 생산 부서도 생산 물량이 떨어져 공장 가동률이 나빠진다고 걱정한다. 자재 구매부서는 잘 팔리고 있어서 해당 제품의 자재를 대량으로 구입해 뒀는데 생산이 멈춤에 따라 악성 장기재고가 될까 우려하게 된다. 마지막으로 기획관리 부서는 현재까지 벌어놓은 영업 이익에서 얼마를 품질 개선 금액으로 사용하여 영업 이익금

이 감소하게 될지에 대한 문제로 한창 시뮬레이션을 돌리게 된다.

이렇듯 동일한 문제에 대해서도 그들이 처한 환경과 입장에 따라서 바라보는 시선이나 생각이 너무나도 다르다. 개인이 아무리 다양한 국가로 해외여행을 가고 아무리 많은 문화를 접했다 하여도 내게는 내가 부정할 수 없는 고정관념이란 생각의 틀이 몸에 배어 있다는 것을 인지해야 한다.

나는 시야를 넓히기 위해서 반복되는 생활 외에 새로운 세상으로의 경험을 한 달에 한 번씩은 꼭 하려고 한다. 주중에는 집, 회사만 왔다 갔다 하는 삶을 살고 주말에 집에서 쉬기만 하면 내가 활동하는 환경의 범위는 매우 한정된다. 그러면 자연스럽게 나의 시야 또한 좁아진다. 이런 상태에서 기존에 쉽게 할 수 없는 것들, 예를 들어 실내 암벽타기 체험을 해보거나 독서모임을 나가본다든지 혹은 시각장애인 봉사활동, 유기견 봉사활동 등을 나가보면 처음 겪어보는 상황과 환경에서 생각지도 못한 영감을 받을 수 있다.

오래 전에 시각장애인 봉사를 처음 나갔을 때 맹인분과 짧은 시간이었지만 여러 얘기를 나눈 적이 있었다. 그러면서 시각장애인들의 눈 역할을 해주는 안내 지팡이를 가까이 두지 않으면 가끔 쉽게 찾을 수 없다는 문제점을 인지하게 된 적이 있다. 또한 시각 장애인 지팡이를 이용하여 길을 걸을 때 길에 있는 점자 블록이 튀어 나와 있는 것을 지팡이가 인지하여 위험을 감지하거나 어디로 가야 할지 방향을 찾을 수 있다. 그러나 이런 시각장애인 점자블록이 망가져 있거나 이런 시설이 미비한 시골에서는 그들이 가는 길의 방향을 인지하지 못하는 경우가 있다. 그래서 나는 문제를 해결하기 위한 연구를 해본 적이 있다.

이토록 가능하면 직접적으로 새로운 경험을 해보는 것이 제일 좋다. 하지만 여건상 그렇지 못하다면 다양한 간접경험을 시도하는 것도 나쁘지 않다. 남들의 경험과 생각이 고스란히 담겨 있는 책을 읽기를 권장한다. 나 또한 한 가지 장르에 편중되지 않은, 가능하면 다양한 장르의 책을 읽으려고 노력한다. 또한 한창 독서에 빠져 있을 때에는 한 주에 한 권 이상, 최소한 이 주에 한 권은 무조건 읽도록 목표를 설정하고 읽기 위해 노력했다. 일주일을 보내며 목표한 독서량을 채우지 못하는 경우에는 토요일 오전에 모든 일정을 취소하고 집 앞 카페에 나가서 목표한 독서량을 채우기 전까진 아무것도 하지 않곤 했다. 책은 가장 저렴하게 나의 시야를 넓혀주고 새로운 지식을 쌓을 수 있는 방법이다. 최근 들어 유튜브나 팟캐스트, 오디오북, 오디오클립과 같은 다양한 플랫폼으로도 간접경험을 할 수 있다. 하지만 쉽게 얻을 수 있는 간접경험일수록 내 것으로 흡수하기는 쉽지 않다. 그렇기 때문에 당신이 알을 깨고 나와 새로운 세상으로 나아가길 원한다면 새로운 것을 직접 경험해 보는 것과 독서를 적극적으로 추천한다.

이처럼 시야가 넓어지고 다른 세상에 가면 그곳에 이미 익숙해져 있는 사람들이 당연시 여기던 문제가 내게는 당연하지 않고 개선해야 할 문제로 다가올 수 있다. 당신의 고정관념을 깨고 마음의 문을 열수록 남들이 보지 못하고 깨닫지 못한 문제를 보게 될 것이다. 이것이 돈이 되는 생각의 출발점이다.

불편함을 다르게 바라보자

젊어서 고생은 사서도 한다는 말이 있다. 틀린 말이 아니라고 생각하고 어느 정도 동의도 한다. 경험이 중요하고 경험을 토대로 본 인만의 노하우를 쌓으며 성장을 하기 위한 말이라고 생각하기 때문이다. 하지만 매일 익숙해져 있는 불편함을 유지함으로써 똑같은 고생을 반복할 필요는 없다. 절대로 불편함에 익숙해지지 마라.

회사에 들어가게 되면서부터 엑셀을 많이 사용하게 되었다. 이미 학생 때부터 학교 과제를 하기 위해서 많이 쓰던 프로그램이다. 하지만 단순하게 조금 편리한 계산기 대용으로만 쓰는 수준이었다. 직장 생활을 처음 시작할 때 나의 엑셀 수준은 어떤 자료를 만들 때, 일일이 숫자를 하나씩 쳐서 넣는 것에만 엄청난 시간을 소비하고, 단순 계산을 하는 수준에서 크게 발전하지 못했다. 그래서 아주 간단한 함수 몇 개를 사용하여 보고서를 작성하는 데 필요한 쉬운 데이터만 간신히 만들 수 있었다. 그렇다 보니 여기에 많은 시간을 소요하여 퇴근을 일찍 할 수가 없었다. 또한 다른 업무가 주어졌을 때 일을 처리하는 속도가 느리다 보니 다른 일을 병행할 때 엑셀 작업을 하면서 실수를 범하기 일쑤였다. 이때 한 선배가 내게 그런 이야기를 했었다. "퇴근을 일찍 하고 싶으면 엑셀을 잘 해야 한다.", "똑게(똑똑하고 게으른)가 되어 남들 놀 때 다 놀면서 업무 성과를 내려면 엑셀을 잘 활용해야 한다." 이런 말들이 내게도 퇴근을 일찍 하고 숨을 고르며 여유 있게 일을 하고 싶다는 욕구를 불러일으켜 엑셀을 공부하게 되었다. 그리고 어느 정도의 시행착오를 통해서 숙련도가 생긴 이후에는 예전에 몇 시간씩 걸려서 하던 일을 단 몇 십 분이면 충분히 해치울 수 있게 되었다. 당연히 일을 하는데 여유가 많이 생기고 더 많은 일을 더 짧은 시간에 처리할 수 있게 되었다. 퇴근시간 또한 더 많은 업무를 하면서도 많이 당겨졌다.

불편함을 그대로 두면 당신의 삶의 질은 나아질 수 없다. 익숙한 불편함을 그대로 인정하는 것이 아니라 개선해야 할 불편함으로 인정부터 하자. 그리고 이 문제를 그대로 두지 말고 언젠가는 어떻게든 해결해야 할 문제로 정의하여 나만의 '데스노트'에 올려버리자. 인간의 기억력은 휘발성이 강해서 불편함으로 인지되는 순간 어딘가에 기록해 두지 않으면 단순히 불편한 순간으로 지나가 버리고 당신의 기억 속에서도 영원히 사라질 가능성이 높다. 불편함을 인정하고 메모 하자. 이것이 당신의 개선코자 하는 욕구를 일으키는 계기이고 당신의 삶과 생각을 혁신시키는 시발점이 된다. 내 삶을 풍요롭게 바꿔 나간 사람만이 다른 사람들의 삶도 풍요롭게 바꾸는데 도움을 줄 수 있다.

테마를 정해 해결하고자 하는 문제 리스트를 만들어보자

일상에서 좋은 발명이나 아이디어를 갑자기 만드는 것은 현실적으로 불가능에 가깝다. 우선은 아이디어를 만들어내기 위해서는 해결해야 할 문제가 있어야 한다. 하지만 갑자기 해결코자 하는 문제를 발견하는 것 또한 쉽지 않다. 그래서 평상시 당신의 창의력과 상상력을 활용하여 좋은 아이디어를 만들어내기 위해 선행적으로 많은 문제를 알고 있어야만 한다.

하지만 상당수의 사람들이 문제를 문제로 인식조차 하지 못하고 지나치는 경우가 많다. 나 또한 10여 년 이상의 발명가 활동 경험이 있음에도 불구하고, 우리 일상에서 수많은 해결해야 하거나 개선해야 할 문제들을 지나치고 있다. 그렇기 때문에 문제를 문제로 인식하는 것부터 시작해야 한다. 이를 위해서 나는 매주 혹은 한 달에 한 번씩 특정한 키워드의 테마를 선정하여 관련된 문제들을 수집하고 리스트로 만들어 왔다. 예를 들어 이번 주 키워드를 '기다림'으로 선정했으면 기다림과 관련된 불편한 문제들을 인지하고 수집한다. 출퇴근을 할 때, 아파트 엘리베이터를 기다리면서 '왜 엘리베이터를 꼭 나와서 기다려야 할까? 엘리베이터가 도착하면 알게 되고 그 시간에 나가면 되지 않을까? 아니면 엘리베이터를 집집마다 설치하면 안 될까? 저렴하게 엘리베이터를 대체할 수 있는 것은 없을까?' 이런 질문들을 떠올릴 수 있다. 그리고 엘리베이터를 타고 내려와 자신의 자동차로 출근을 할 경우에는 '내가 어디 주차를 했었지? 주차한 차를 쉽게 찾을 수 없을까? 우리 집 엘리베이터 입구에서 내 차까지 가장 빨리 가는 길을 알 순 없을까? 도착해서는 기다림 없이 주차장 입구로 출입할 순 없을까? 출차를 하는 과정에서 게이트를 통과할 때 출차 확인을 더 빨리 할 순 없을까? 차량 번호 인식이 느린 것 같은데 더 빨리 할 순 없을까?' 등의 수많은 질문을 일상과 연관하여 할 수 있다. 다음에는 '허리 굽힘'이란 테마 키워드를 선정하고 일상을 관찰하며 질문을 해 보자. '냉장고 하단에 보관되어 있는 음식을 꺼내기 위해서는 왜 허리를 굽혀야만 할까? 허리 굽히지 않고 냉장고 하단에 음식을 저장하거나 꺼낼 수는 없을까? 주머니의 물건을 바닥에 떨어트렸을 때, 허리를 굽히지 않고 주울 수는 없을까? 신발끈을 허리를 굽히지 않고 묶을 수는 없을까? 신발을 벗고 들어가야 하는 식당에서 신발정리를 할 때, 허리를 굽히지 않고 신발 정리를 할 순 없을까?' 이 마지막 질문에 의해서 오늘날 식당이나 장례식장에 가면 흔하게 볼 수 있는 신발정리 집게가 고안이 된 것이다.

이런 수많은 질문들이 곧 해결해야 할 과제가 된다. 테마 키워드의 질문을 똑같은 일상이라도 매일 일정한 기간 동안 던지다 보면 처음에는 보이지 않던 문제도 나중에는 차츰 문제로 인식하게 된다. 이런 식으로 일정한 기간 동안 테마 키워드를 정하여 문제들을 수집하고 다음 테마 키워드로 넘어가서 또 다른 문제들을 수집할 수 있다. 나는 대게 기간을 2주 정도로 정해서 해결코자 하는 문제 수집을 하고 있으며 각자가 처한 상황이나 환경에 따라서 매일, 매주, 한 달이렇게 기간을 자유롭게 선정하여 특정 테마 키워드와 연관된 질문을 수집할 수 있다. 또한 한 번 사용했던 키워드는 그것으로 소멸되는 것이 아니라 3개월, 6개월, 1년 정도의 일정한 기간이 지나고 나서 다시 선정하여 관련 문제를 수집하는 데 사용할 수 있다. 지금 내가 가지고 있는 지식과 환경에서 보이지 않았던 문제들이 어느 정도의 시간이 지나 내 처지가 바뀌고 나면 신선하면서도 우리 사회에서 꼭 해결해야 할 중요한 문제로 내게 다가올 수 있다. 또한 분명한 것은 해결하고자 하는 문제가 많으면 많을수록 만들어 낼 수 있는 아이디어도 자연스럽게 많아진다는 것을 명심하자.

참고로 이런 식으로 문제를 발견하는 방법은 많은 특허 전문기업들이 비슷한 형태로 사용하고 있다. 빌 게이츠가 투자 및 아이디어 미팅에 실제로 참석을 하고 있는 인텔렉추얼 벤처스IV, Intellectual Ventures라는 특허 기술개발 기업에서도 사용되고 있는데, 이들이 한 번 미팅을 하면 수십 개의 특허기술이 만들어진다고도 한다. 언론을 통해서도 공개된 적이 있는데, 말라리아를 퇴치하기 위한 주제를 바탕으로 아이디어를 내어 다양한 발명을 한 적이 있다. 이 중에서 말라리아의 근본 원인인 모기를 레이저를 이용하여 퇴치하는 특허 기술개발이 이루어졌다.

새로운 경험을 나눠줄 수 있는 사람들을 만나자

위에서 특허공룡이라 불리는 인텔렉추얼 벤처스가 어떻게 일하는지 잠깐 언급했다. 이 기업은 아이디어 회의를 할 때, 다양한 환경과 다양한 분야의 지식을 가진 전문가들을 모아서 토론하며 문제를 정의하고 아이디어를 만들어낸다고 한다. 아무리 똑똑하고 많은 지식을 가지고 있는 사람이라고 해도 세상 모든 이치를 알 순 없다. 그렇기 때문에 당신이 가지지 못한 경험이나 지식을 가진 사람과 토론을 통하여 더 많은 문제들을 발견할 수 있고 아이디어 또한 얘기를 주고받음으로써 개발해나갈 수 있다. 실제 기업이나 연구기관에서도 브레인스토밍을 통해서 많은 아이디어들을 내고 있다. 이 과정에서 반드시 최소 두 명 이상의 사람들이 참여해야지만 좋은 아이디어가 보다 빠르게 만들어질 수 있다. 이 책을 함께 쓴 우리는 이미 십수 년 전부터 뭔가 건설적인 아이디어를 낼 수 없을까에 대해서 함께 고민하고 토의해 왔다. 한 사람은 왼손잡이로서 그림 그리기와 엉뚱한 공상이 특기이며 십 년째 연구개발 분야에 근무를 하고 있다. 다른 한 사람은 오른손잡이로서 스토리텔링과 실행력에 강점이 있고 마케팅 영업 분야에 십 년째 근무하고 있다. 누가 봐도 성향과 특징이 많이 다른 두 사람이 만나서 함께 일을 하다 보면 생각지 못한 시너지가 나게 된다. 똑같은 문제나 현상을 두 사람의 시각으로 각자 보게 되면 서로 다른 해석을 하게 되고, 문제 해결을 위한 서로 다른 사고를 하게 된다. 이 과정에서 자극을 주고받으며 혁신적인 아이디어를 내기도 한다. 12건의 특허를 함께 출원했으며, 지금도 다양한 프로젝트를 함께 수행하고 있다.

이렇게 서로 다른 성향의 파트너는 생각지 못한 시너지를 내는 경우가 많다. 대표적으로 유명한 사례가 스티브 잡스와 스티브 워즈니악Steve Wozniak이다. 잡스는 애플의 공동창업자이자 마케팅의 귀재로 불렸던 CEO였고, 워즈니악은 잡스와 함께 애플의 공동창업자이자 여러 제품 개발을 주도하였다. 잡스는 워즈니악을 "역사상 최고의 천재 개발자"라 칭하였을 정도로 서로가 서로에 대한 역할을 인정하

IDEA

고 존중하여 오늘날 애플의 초석을 다졌다.

이처럼 내가 가지지 못한 것을 가진 나와 다른 파트너의 필요성에 대해서는 많은 사람들이 인지하고 있을 것이다. 하지만 하루아침에 좋은 친구나 좋은 파트너를 만들기 어렵다. 그렇기 때문에 다양한 사람들이 이미 속해 있고 활동하는 모임에 나가는 것을 추천하는 것이다. 사실 이것은 도전에 가깝다고 말할 수 있다. 기존 사람들이 자리 잡고 있는 모임에 나가서 알게 모르게 작용하고 있는 텃세를 이기고 자리 잡기가 쉽지는 않다. 하지만 신선한 자극과 새로운 지식과 정보가 항상 기다리고 있기 때문에 리스크를 감수하는 과감한 도전을 가능하게 만들어준다.

예를 들어 독서 모임을 나간다고 해 보자. 육아를 하고 있는 어머님들이 주류를 이루고 있는 독서모임은 우리 아이가 최고의 관심사인 사람들의 집단이다. 그렇다 보니 자연스럽게 우리 아이들을 어떻게 키우고, 최근 육아를 하는 데 있어서 어떤 부분이 고민이고 트렌드인지 쉽게 접할 수 있을 것이다. 육아를 하지 않는 사람이 이 모임에 나간다면 관심이 전혀 없는 분야라서 아주 지루한 대화의 연속일 수도 있다. 반면에 조금 열린 마음으로 나가서 그들이 하는 얘기를 듣게 된다면 어쩌면 이 사람에게 신세계가 열릴지도 모른다. 또 다른 예로 삼사십 대가 주류인 자기계발 목적의 독서모임을 나가면 주로 나의 커리어와 관련이 높은 자기계발 서적을 읽게 될 것이며, 본인의 커리어 패스와 연봉, 내가 속한 산업분야의 트렌드, 이슈 등에서 쉽게 정보를 접하고 나눌 수 있을 것이다. 뿐만 아니라 대인관

계도 어떤 그룹보다도 적극적으로 이루어질 것이다. 육아하는 모임에서는 몇 개월짜리 누구네 아빠라 불리며 어디 아파트에 산다고 소개를 하겠지만 이 그룹에서는 어느 기업의 무슨 직무를 하는 아무개 과장으로 불릴 것이다. 이처럼 동일한 독서모임이라도 조금만 시선을 돌려 다른 환경의 집단에 나가게 되면 다른 자극과 다른 정보를 쉽게 얻게 된다. 이것에서 우리는 기존에 관심조차 가지지 못했던 문제를 발견할 수 있을 것이다.

독서모임은 하나의 예이며, 등산모임, 조기축구, 배드민턴, 볼링클럽, 테니스 동호회 등 운동과 관련된 카테고리의 모임부터 최근 들어 직장인들을 대상으로 다양한 스타트업 기업들이 직무, 영어스터디, 독서, 경제, 자기계발, 러닝 등 이 나이 또래의 직장인들이 관심 많이 가지는 키워드의 모임을 제공하고 수익을 창출하기도 한다. 오늘날에는 SNS를 통해서 마음만 먹으면 쉽게 다양한 모임에 참석을 할 수 있다. 그러니 신선한 자극이 필요하다면 자신이 속해보지 못한 모임에 나가보는 것을 추천한다. 우선은 내 직무나 내 전공 관련 등 나와 익숙한 모임부터 나가서 다양한 사람들을 만나는 훈련부터 하고 이후에 본격적으로 내게 신선함으로 다가올 모임에 나가보며 좋을 것이다.

위에서 언급한 문제를 발견하는 방법 외에도 뉴스나 시사저널에서 다루고 있는 문제도 해결해야 할 과제로 삼아 볼 수 있다. 귀가 중 여고생이 실종 됐다는 뉴스를 볼 때면 밤늦은 시간 학원 마치고 귀가하는 여고생들이 어떻게 안전하게 귀가할 수 있을지를 문제로 정의하고 해결하기 위한 방법론을 고민하곤 했었다. 이렇게 아이디어를 만들어 내기 위한 출발점인 문제 정의는 우리 일상에서 쉽게 발견할 수 있다. 또한 아무리 좋은 문제를 발견한다고 해도 하루아침에 풀긴 어렵다. 하지만 지금 당장 풀리지 않는 문제라도 나중에 시간이 지나고 나서 다시 보았을 때 해결방안이나 좋은 아이디어가 떠오르는 경우도 있다. 그렇기 때문에 아이디어의 출발점인 메모를 잘 저장하고 쉽게 찾을 수 있어야 한다. 나는 예전에 문제 정의 노트를 하나 만들어서 해결하고자 하는 문제들만 정리했던 적이 있었다. 하지만 시간이 지나면 쉽게 찾을 수가 없어 최근 몇 년 전부터는 클라우드 서비스 기반의 메모 어플리케이션을 사용하고 있다. 이왕 사용할 거라면 당신의 PC, 노트북, 태블릿, 스마트폰 등 다양한 기기에 지원이 되는 구글의 킵^{keep}이나 마이크로소프트사의 원노트^{OneNote} 혹은 에버노트^{Evernote} 같은 것들을 사용하길 추천한다.

REAMS를 활용한
문제 해결 노하우

REAMS는 해결하고자 하는 문제를 풀어 아이디어로 빠르게 갈 수 있는 쉬운 방법론이다. 하지만 우리가 어렸을 때 산수의 기초인 사칙연산을 하루아침에 자유자재로 응용할 수 없었던 것처럼, REAMS가 아무리 쉬운 문제해결 방법론이라 하여도 하루아침에 바로 응용하기란 쉽지 않다. 어느 정도의 연습과 본인만의 노하우가 축적이 되어야 쉽게 활용할 수 있게 된다. 우리는 어렸을 적 레고나 블록을, 조금 더 커서는 과학상자 같은 장난감을 가지고 놀아본 경험이 있다. 이런 조립 블록 장난감의 특징은 이것을 응용하여 제조사에서 제공하는 매뉴얼에 따라 멋진 배나 자동차 등을 만들 수 있다는 것이다. 뿐만 아니라 이런 블록 종류의 장난감이 많은 사람들에게 사랑받았던 이유는 조립 설명서에 나오지 않는 다양한 것들을 사용자의 상상력에 따라 만들 수 있어서다. 사용자의 개성, 상상력에 따라서 이 블록들을 응용해 상상 속의 동물이나 우주선 등을 만들 수도 있고 현대 사회에서 흔하게 볼 수 있는 비행기, 헬리콥터, 기차, 집 등도 만들 수 있다.

REAMS도 이와 마찬가지로 사용자의 능력과 자질에 따라 다양한 아이디어를 만들 수 있도록 고안되었다. 나는 REAMS의 숙련도를 높이기 위해서 REAMS에서 사용할 수 있는 아이디어 블록을 만들어서 그것을 활용하였다. 익숙하지 않은 아이디어 블록은 메모하여 아이디어를 내는 활동을 할 때 보면서 참고하기도 했고 익숙해진 아이디어 블록은 머릿속에서 상상력을 발휘하여 아이디어를 만드는 과정에서 자유자재로 사용하게 되었다. 당신이 REAMS를 좀 더 빠르게 그리고 익숙하게 활용하여 당신만의 창의적인 아이디어를 만들어내기 위한 당신만의 아이디어 블록을 만들면 많은 도움이 될 것이다.

REAMS는 5가지 문제해결 방법론으로 이루어져 있다. 그 중 첫 번째인 Remove를 제외하면 나머지 원리들은 어딘가에서 새로운 것이나 기존에 있는 좋아 보이는 것을 가지고 와서 해결하고자 하는 문제에 접목시키는 방식이다. 그렇기 때문에 무엇인가 다양한 제품들이 가지고 있는 특장점과 재료, 디자인에 대한 어느 정도 지식이 필요하다. 발명에 처음 입문하는 사람들일수록 그동안 쌓아왔던 지식이 이런 발명이나 아이디어를 만드는 것을 고려하지 않은 채, 그저 살면서 쌓아온 것들이기 때문에 응용하기 어려울 것이다. 그래서 이것을 통해서 내가 아는 지식을 써먹을 수 있도록 정의하여 블록으로 만들 필요성이 있다. 이렇게 정립된 아이디어 블록을 사용하기 위해서는 또 우선적으로 개선시키고자 하는 사물이나 물건, 제품의 각 부분을 분리할 수 있어야 한다. 특정 부분을 분리하여 제거하거나 미리 만들어 놓은 아이디어 블록을 가져와서 추가하거나 교체하여 새로운 제품으로 재탄생시킬 수 있다. 약간의 연습과 당신의 상상력에 따라서 블록 장난감처럼 상상력을 다양하게 활용할 수 있다.

개선하고자 하는 대상을 부분별로 분리하고 정의하라

REAMS를 적용하기 위해선 개선하고자 하는 대상의 각 부분을 분리하고 정의하여야 한다. 이 과정에서 의무적으로 각 부분의 명칭을 꼭 붙여주어야 한다. 그렇지 않으면 분리를 많이 하면 할수록 결정적으로 제거하거나 바꾸고자 하는 부분의 명칭을 딱히 지칭하기 어렵기 때문이다. 또한 오랜 시간 동안 아이디어 만드는 작업을 하다 보면 어떤 부위인지 헷갈릴 수 있다. 블록 장난감처럼 분리 할 때, 각 부분의 이름은 본인이 편한 대로 붙여주어도 된다. 하지만 10개가 넘어가거나 쉽게 알아보기 어려우면 A-1, A-2, A-3, B-1 등과 같이 기호나 숫자를 붙여도 무방하다. 분리를 명확히 하고 정확하게 선택하기 위한 것이 주 목적이기 때문이다. 또한 분리한 이후에 주요 부분에 대해서는 이름 밑에 간략하게 특성이나 기능을 표시해 두자. 분리한 부분이 몇 개 되지 않고 단순한 제품이라면 한눈에 쉽게 인지할 수 있겠지만 조금 복잡해진 경우 REAMS를 이용하여 제거하거나 교체가 필요하다고 판단되는 부분에 대해서는 주석처럼 설명을 좀 달아주면 그 이후 과정에서 참고 및 도움이 될 수 있다.

그럼 이 분리는 어떻게 할 수 있을까? 크게 물리적·기능적·위치적 이 세 가지 방법으로 분리할 수 있다. 물론 이 기준 외에도 사용자에 따라 다른 기준을 적용하여 분리할 수도 있을 것이다. 우선 물리적 분리는 말 그대로 물리적으로 떨어트리는 게 가능한가를 기준으로 제품의 각 부분을 분리하는 것이다. 예를 들어 보드마카 같은 경우 보드마카의 앞 뚜껑, 촉, 몸체, 뒷부분의 커버, 액이 들어 있는 심지 이렇게 분리할 수 있다. 여름철에 흔하게 볼 수 있는 미니선풍기를 예로 들면 선풍기망, 선풍기 날개, 전기모터, 배터리, 손잡이 케이스, PCB 보드 등으로 분리할 수 있다. 이렇게 나눠보는 게 처음에는 익숙하지 않을 수 있다. 그러나 가정에 있는 제품이나 책상 위에 있는 사물부터 이렇게 물리적으로 각 부분을 분리하는 연습을 조금만 하면 가장 쉽고 빠르게 체득할 수 있는 방법이다.

다음으로 기능적 분리 방법이다. 이 방법은 제품이나 사물의 기능을 기준으로 분리하는 것이다. 현대인의 필수품인 스마트폰은 통신장치, 디스플레이, 카메라, 전원장치(배터리), 저장장치(메모리), 연산장치^{CPU}, 진동장치, 스피커, 케이블 등을 꽂을 수 있는 외부입력장치, 각종 센서(수평감지 센서, 조도센서), 마이크 등으로 나눌 수 있다. 이 방법은 기능을 알아야하므로 조금 어려울 수 있다. 우선적으로 자신이 잘 아는 제품이나 사물을 이런 식으로 분리하는 연습을 통해서 숙련도가 좀 쌓였을 때, 익숙하지 않은 제품군으로 넘어가길 권장한다.

마지막 방법은 위치적 분리다. 대상 제품이나 사물의 위치에 따라서 상중하 혹은 좌우 또는 안쪽·바깥쪽 등으로 분리하는 방법이다. 보통 기능적, 물리적으로 분리가 잘 되지 않는 일체형 제품군에서 유용하게 사용할 수 있다. 가장 흔하게 볼 수 있는 컵을 예를 들면 컵 상부, 컵 중간, 컵 바닥으로 나누거나 컵 안쪽, 바깥쪽으로 나눌 수 있다. 이런 방법으로 부분을 분리하여 개선된 제품이 손잡이가 뜨겁지 않은 보온 컵이다. 안쪽 면은 보온을 유지할 수 있도록 스테인리스 재질로 만들고, 바깥쪽은 기호에 따라 플라스틱이나, 도기, 유리 등의 재질로 이원화 된 제품이다. 또 다른 적용 예로 지팡이는 상부, 중간부, 바닥부로 나눌 수 있다. 이렇게 분리하여 고안된 제품이 등산용 지팡이로 상부는 사용자의 그립감을 고려하여 고무로 만들어져 있으며, 중간부는 제품의 내구성을 높이기 위해서 금속 기둥으로 구성되어 있다. 마지막으로 바닥부는 산을 올라갈 때 미끄러지지 않도록 하기 위해서 끝을 뾰족한 송곳 같은 모양의 금속 재질로 만들거나 고무로 만들어 흙바닥을 짚고 올라가기에 유용하도록 고안되었다.

이와 같이 다양한 기준으로 개선코자 하는 제품이나 사물의 부분을 분리하여 REAMS를 적용할 수 있는 블록화가 가능하다. 처음 접하는 사람들 중에서 의욕이 앞서서 너무 많이 분리하려고 하는 사람이 있을 수 있다. 처음에는 명확하게 각 특징으로 정의할 수 있는 수준으로 세 개에서 일곱 개 정도로 분리하고 REAMS를 접목하여 개선하는 연습부터 하길 권장한다. 열 개 이상으로 제품이나 사물의 부분을 분리하고 나면 막상 REAMS를 적용하려고 할 때, 숙련도가 낮으면 적용도 어렵고 혼란만 가중되어 문제에 대한 흥미를 잃고 결국 해결하고자 하는 의욕을 상실하기 쉽다.

당신만의 아이디어 블록을 만들어라

앞에서 설명한 것처럼 개선코자 하는 문제를 정의하고 제품이나 사물에 REAMS를 적용하기 위해서 대상이 되는 것에 물리적이나 기능 혹은 위치적인 특징으로 분리까지 했다. 이제 이 분리된 각 부분을 우리가 블록 장난감을 가지고 노는 것처럼 새로운 것을 접목시켜 남들은 지금껏 보지 못했던 용이나 우주선 같은 멋진 아이디어를 완성하면 된다. 하지만 블록을 이용하여 개선하기 위해서 뭔가 새로운 블록이 필요할 때가 있다. 현실 세계에서는 돈을 주고 새로운 것을 필요한 만큼 사오면 된다. 하지만 아이디어를 만드는 과정에서는 때때로 새로운 블록을 미리 준비해 두고도 어디다 뒀는지 기억을 하지 못해서 진도를 나가지 못하는 경우도 있다. REAMS를 가장 쉽고 빠르게 적용하기 위해서는 바로 적용할 수 있는 좋은 지식이나 생각들을 하나씩 아이디어 블록화해 두고 목록으로 만들면 편하게 적용할 수 있다. REAMS의 특성상 추가와 교체는 다른 사물의 좋아 보이는 것을 가지고 오는 것이다. 그러니 여기에 적용할 수 있는 기능의 것들을 이름 붙이고 간단한 설명을 넣어서 블록화해 두면 도움이 된다. 재료 바꾸기와 모양 바꾸기 또한 비슷한 콘셉트의 정보들을 블록화하고 목록을 만들어두면 유용하게 쓸 수 있다.

　마니아들은 새로운 장난감 블록이 나오면 수시로 구입을 한다. 그리고 세상에 없었던 새로운 장난감을 조립하는 데 이것들을 활용한다. 이처럼 아이디어 블록도 같은 개념으로 최근에 쏟아지고 있는 새로운 기술과 지식정보들을 활용하면 더 좋다. 특히 최근 몇 년간은 4차 산업 혁명 시대라 불리며 삶의 패러다임을 바꿀만한 신기술들이 마구 쏟아지고 있다. 이런 기술들은 내가 관심을 가져서 공부하여 이해하지 않는 한 내 것이 될 수 없다. 즉, 남의 지식으로만 남아 있는 것이다. 그러므로 나의 아이디어 블록 도표를 주기적으로 업데이트하기 위해서 새로운 기술이나 지식이 나올 때마다 관심을 가지고 받아들이기 위한 노력을 해야 한다. 나는 TV 다큐멘터리 채널에서 주로 기술 관련 프로그램을 시청한다. 그리고 관심이 가거나 유용하게 쓰일 것 같은 것들에 대해서는 메모를 해 두었다가 따로 찾아보고 습득을 하기 위한 시간을 가진다. 잘 알면 알수록 좋다. 하지만 해당 기술의 전공자가 아니거나 해당 기술의 산업군과 동떨어진 삶을 산다면 100% 이해하고 받아들이는 데 한계가 있을 것이다. 따라서 우선적으로 콘셉트를 이해하는 정도로 습득해 두자. 그러면 필요한 순간에 해당 콘셉트를 접목시켜 아이디어를 재탄생시킬 수도 있고, 필요한 만큼 해당 시점에서 추가적으로 공부를 하여 재검토 할 수 있는 기회를 얻을 수 있다. 이외에 출퇴근길의 자투리 시간에 주로 네이버의 테크판이나 과학판, 트렌드판의 신제품 정보 등을 주로 보며 흥미를 끄는 기술 정보가 있는지 찾아본다. 또한 새로운 기술 패러다임 관련 된 책들도 구입해서 읽어 본다. 나는 이런 곳에서 주로 새로운 기술과 관련된 정보를 얻지만 가끔은 신소재와 같은 재료에 대한 정보도 얻으며, 네이버 디자인판에서는 새로운 제품이나 인테리어 소품 등의 디자인 정보도 주기적으로 체크한다. 이런 디자인 정보들은 캡처를 해서 클라우드 앱에 쌓아두거나 출처만이라도 메모해 두려고 한다. 이런 식으로 쌓은 아이디어 블록을 만들 수 있는 소스들을 가지고 해당 기술의 명명과 메모를 하여 아래와 같이 나만의 아이디어 블록을 구성할 수 있다. 각자의 생김새가 모두 다르듯 처한 환경과 생각이 모두 다르다 보니 각자의 아이디어 블록의 구성은 개개인의 개성에 따라 많이 달라질 것이다.

나의 경우 아이디어 블록에 해당되는 기능이나, 재료, 모양의 이름을 넣고 각각의 기능을 간단하게 기록한다. 이 기능이 곧 문제의 원인을 파악하는 단계에서 찾을 수 있는 근본원인을 해결하기 위한 목적과 짝을 이룬다. 추가로 예를 들어서 컵 안에 음료를 계속 따뜻하게 유지할 수 없어서, 따뜻하게 데울 수 있는 무엇인가 필요한 문제가 있다고 생각해보자. 아이디어 블록 도표에서 전기를 열로 만드는 열선과 전기를 저장하는 충전배터리를 컵의 바닥에 추가할 수 있을 것이다. 만약 컵 안에 물과 함께 가루 커피나 차를 넣었을 때 잘 섞이지 않는 문제가 있다면 컵을 흔들 수 있는 진동을 만드는 진동기를 컵 바닥에 추가할 수 있다. 또 원형의 컵이 옆으로 쓰러졌을 때 잘 굴러서 깨어지는 문제가 있다면 컵의 모양을 잘 굴러가지 않는 사각형으로 바꿀 수도 있을 것이다. 유리로 된 컵에 물이 묻어서 손에서 잘 미끄러져서 떨어뜨리는 문제가 있다면 컵의 표면에 물을 흡수하는 기능이 있는 나무를 추가하거나 탄성이 있고 잘 미끄러지지 않는 고무를 추가할 수도 있다. 이렇게 컵 하나를 대상으로 아이디어 블록에 있는 다양한 기능과 재료, 모양 블록을 이용해서 새로운 기능이 더해진 아이디어를 쉽게 만들 수도 있다.

아이디어 블록 도표 예시

분류	이름	기능
기능	화면	컬러 또는 흑백으로 글자나 그림을 보여준다.
	적외선 센서	움직임을 감지한다.
	스피커	소리를 출력한다.
	진동기	진동을 만든다.
	바퀴	물체를 쉽게 이동시킨다.
	자석	철 소재에 붙는다.
	열선	전기를 열로 만든다.
	블루투스	가까운 거리를 무선으로 통신한다.
	충전 배터리	전기를 저장한다.

재료	철	무겁고 튼튼하다. 자석에 붙는다. 물에 닿으면 녹이 생긴다.
	플라스틱	가볍고 튼튼하다. 철보다는 약하다. 불에 약하다. 색깔이 다양하다. 물에 뜬다.
	고무	탄성이 있다. 색깔 다양하다. 불에 약하다. 흠집이 잘 생긴다.
	면	열이 잘 전달되지 않는다. 불에 탄다. 물을 흡수한다. 가위나 칼에 쉽게 잘린다. 색깔이 다양하다. 오래 지나면 썩는다.
	나무	약한 탄성이 있다. 물을 조금 흡수한다. 물에 뜬다. 불에 쉽게 탄다. 쉽게 흠집이 생긴다. 표면에 연필로 글씨를 쓸 수 있다. 오래 지나면 썩는다.
	유	투명하다. 충격을 받으면 깨진다. 표면이 매끄럽다.
모양	사각형	잘 굴러가지 않으나 삼각형보다는 잘 굴러간다.
	원	쉽게 굴러간다. 가장자리에서 안쪽으로 누르는 힘에 강하다.
	타원	원에 비해 물과 공기의 저항을 적게 받는다. 잘 구르지 않는다.
	삼각형	잘 굴러가지 않는다. 세 모서리에 다리를 붙이고 눕히면 안정적이나 사각형보다는 불안하다.

이렇게 작성된 나만의 아이디어 블록은 해결하고자 하는 문제나 개선시키고자 하는 사물이나 물건을 대상으로 REAMS를 응용하여 아이디어를 창출할 때 유용하게 사용할 수 있다. 발명경험이 적고 REAMS가 익숙지 않을 시기일수록 아이디어 블록 작성에 집중하여 사용할 수 있는 나만의 장난감 블록을 쌓아두길 권장한다. 나의 경우는 이 아이디어 블록을 이용하면서 사용 빈도가 높은 것들은 목록에

서 아래로 내리고 사용 빈도가 낮거나 익숙하지 않은 것일수록 목록에 우선순위로 배치하려 한다. 그러면 당장 사용하진 않더라도 어색하고 아직 낯선 것들은 자꾸 보게 되면서 이해도가 자연스럽게 높아진다. 또한 자주 사용하는 아이디어 블록은 도표에서 과감하게 삭제해야 한다. 그래야 아이디어 목록 자체가 복잡해지지 않고 효율적으로 사용될 수 있기 때문이다.

고객가치 중심의 아이디어가 곧 돈 버는 생각이다

많은 사람들이 어떤 것이든 특허를 내기만 하면 돈이 된다고 오해한다. 하지만 현실은 대다수의 특허가 수익과는 거리가 먼 경우가 허다하다. 그냥 특허의 요건을 갖추고 있어서 특허화 된 것들도 많다.

특허가 되기 위해서는 '신규성'과 '진보성'을 갖추어야 하는데 이것을 갖추었다고 해서 무조건 유익한 아이디어일 수도 없고, 고객에게 큰 가치를 준다고 할 수도 없다. 진짜 돈이 되는 제품이나 생각은 많은 사람들의 니즈와 맞아 떨어졌을 때 탄생하게 된다. 시장의 수요는 무시하고 독창성만으로는 좋은 발명품이 될 수 없다. 처음 아이디어나 특허 관련 강의를 하기 시작했을 때, 많은 학생들이 자신의 아이디어로 어떻게 해야 돈을 벌 수 있는지에만 관심이 있었다. 나 또한 처음 특허를 내면서 이게 기업에 팔려서 사업화 되고 큰돈을 벌었으면 좋겠다는 생각을 했었다. 하지만 현실은 달랐다. 남이 하지 못한 독창적인 아이디어라서 특허등록까진 무리가 없었지만, 고객의 변화하는 니즈에 부합하지 않는 아이디어인 경우가 있었기 때문이다.

현장에서 어떤 제조 기업들이 고객가치에 부합하지 않는, 그저 공장 운영에 유리하고 생산하기 수월한 제품만을 찍어내다 고객사에 외면당해 문을 닫게 되는 경우를 많이 보았다. 또한 오늘날에도 많은 기업들이 고객의 요구나 고객에게 돌아갈 수 있는 가치를 무시하고 제품이나 서비스를 출시했다가 외면당하는 사례를 쉽게 찾아볼 수 있다. 진짜 고객가치에 집중하여 사용자 입장에서 생활이 편리해질 수 있는 제품이나 아이디어에 집중했을 때 좋은 발명품이 나올 수 있고 기업으로부터 사업화에 대한 제의나 본 아이디어에 대한 컨설팅 요청이 들어올 것이다. 많은 기업들이 오랜 시간 동안 같은 시행착오를 반복해왔다. 오로지 수익만을 극대화하기 위해서 돈이 되는 제품 개발과 생산에만 집중을 하다 보니 역으로 시장에서 외면 받는 현상을 겪게 된 것이다. 그래서 현대사회에서 많은 기업들이 고객에게 가치를 줄 수 있는 제품 개발과 생산에 집중하도록 교육을 하고 의사결정 과정의 기준으로 삼기 시작했다. 상품기획 단계에서부터 고객의 필요를 파악하기 위해 고객의 일상을 관찰하고 숨어 있는 니즈까지 파악하기 위해서 많은 돈과 시간을 쓰고 있다.

소비자는 정말로 가치를 느끼는 제품이나 아이디어에는 타사 제품보다 좀 더 비싸더라도 기꺼이 그 비용을 지불을 하고 물건을 구매한다. 최근 3D 프린터 기술의 발달로 누구나 좋은 아이디어만 있으면 쉽게 시제품을 만들 수 있게 되었다. 게다가 크라우드 펀딩도 대중화 되어 시제품만 만들고 본격적으로 사업화를 하기 위해서 펀딩으로 사업자금을 모금하는 사람들이 많아졌다. 누구나 쉽게 아이디어만 있으면 자금도 투자 받아서 시제품도 쉽게 만들고 사업을 시작할 수 있는 환경이 조성된 것이다. 진짜 고객에게 필요한 제품인지 혹은 고객에게 가치를 제공할 수 있는 제품인지 보다는 자기 자신의 만족을 위해서, 영리 추구의 목적을 위해서 사업화를 추진하는 경우를 쉽게 볼 수 있는데 이를 우리는 각별히 주의해야 한다. 운이 좋아서 펀딩을 성공해 사업을 시작해볼 수도 있다. 하지만 진짜 고객가치에 중심을 두고 탄생한 제품이 아니라면 얼마 지나지 않아 시장에서 사장될 것이다. 나도 처음에는 순수한 마음에 재미있어서 문제 해결에 집중을 하고 특허를 냈었다. 하지만 한동안 특허 출원 활동을 멈춘 기간이 있었는데, 좋은 아이디어가 없어서가 아니라 고객가치를 배제하고 돈이나 자기만족을 목표로 한 아이디어를 무리하게 만들려 했기 때문이다. 이 기간이 지나고 나서 다시 발명의 초심으로 돌아가 재개하고 난 이후에는 당장 사업화가 되진 않아도 우리가 출원한 특허에 대해서 문의를 주고, 자문을 받고 싶다는 기업들이 하나 둘씩 다시 생겨나기 시작했었다. 문제를 해결하고 아이디어를 만들 때 사심이 들어가면 안 된다. 오로지 어떻게 하면 이 문제를 풀어서 더욱 편리해질까에 집중해야만 한다. 고객에게 가치를 줄 수 있는 것이야말로 진짜 돈 되는 좋은 사업 아이템이다. 아이디어를 만들 때 돈을 벌 수 있다는 생각이 앞서지 않아야 한다. 좋은 아이디어에는

IDEA

결과지표로 돈이 따라오게 되어 있다.

여기서 반드시 짚고 넘어가고 싶은 점이 있다. 당신이 만든 아이디어 어느 것 하나에도 실패한 방법은 없다는 것이다. 지금 당장 써먹지 못한다고 해서 생각해낸 방법이나 아이디어를 폐기하지 말고 '실패노트'에 메모해 두기 바란다. 토마스 에디슨은 전구를 발명하기까지 무려 1,200번의 시행착오를 겪었다. 이 모든 실패가 단순한 실패가 아니라 다른 업그레이드 된 아이디어의 밑거름으로 쓰였다고 한다. 의미가 없는 실패한 아이디어는 없다는 것을 알 수 있는 대목이다.

우리가 '지금' 실패했다고 생각하는 아이디어들은 지금 아는 문제들에서는 써먹을 수 있는 곳이 하나도 없을 수 있지만 혹시나 나중에 발견하게 되는 문제에서 완벽한 정답으로 쓰일 수도 있다. 따라서 생각지 못한 훌륭한 발명품의 밑바탕이 될 수도 있으니 절대로 폐기하지 마라. 아이디어를 만드는 과정들의 히스토리를 기록하는 습관을 들여야 한다. 그것을 나중에 다시 보면 다른 아이디어를 만드는 과정에 영감을 주기도 한다. 앞에서 언급했던 문제노트처럼 실패노트를 만들어서 메모해 두면 좋다. 특히 클라우드 기반의 메모앱을 사용하면 보다 쉽게 저장하고 찾아볼 수 있다.

마지막으로 창의력을 극대화시키는 활동을 하다보면 아무리 노력을 해도 좋은 아이디어가 쉽게 떠오르지 않을 때가 있다. 이럴 때 물과 신선한 공기를 마시고 좀 걸으며 머리를 식혀주면 좋다. 나 또한 아무리 해도 아이디어가 떠오르진 않을 땐 머리를 식혀준다. 그러다 보면 다른 일을 할 때, 해결하고자 했던 문제에 대한 번뜩이는 생각이 떠오를 때가 있다. 실제 혼자만의 시간을 가지며 따뜻한 물로 샤워할 때 이런 경험을 한 사람이 많다고 한다. 환경에 변화를 주면 진짜 환기가 되기 때문이다. 실제 대학원 시절 JAVA 프로그램을 배울 때 구입했던 책에서도 코딩이 잘 되지 않으면 이렇게 해 보라는 문구가 책 안에 적혀 있었다.

'당신도 좋은 생각이 떠오르지 않을 때면 Refresh를 해보기 바란다.'

#idea

특허가 되기 위해서는
'신규성'과 '진보성'을 갖추어야 하는데
이것을 갖추었다고 해서
무조건 유익한 아이디어일 수도 없고,
고객에게 큰 가치를 준다고
할 수도 없다.
진짜 돈이 되는 제품이나
생각은 많은 사람들의 니즈와
맞아 떨어졌을 때 탄생하게 된다.
시장의 수요는 무시하고
독창성만으로는
좋은 발명품이 될 수 없다.

제3장

아이디어 정리의 기술, 그림과 메모

idea

왜 그림인가?

1장에서 REAMS를 이용해 문제를 해결하기 위한 다양한 아이디어를 만들었다. 이렇게 만들어진 아이디어는 큰 틀에 해당하는 기획 단계로, 실제로 제품을 만들거나 활용하려면 좀 더 구체화할 필요가 있다.

다시 지우개 달린 연필을 예로 들자면 지우개와 연필을 붙이는 아이디어는 만들어졌는데, 이것을 어떻게 붙일 수 있을지에 대해서 고민해야 한다. 즉, 지우개를 연필에 붙이는 방법 또한 하나의 문제이자 목표가 될 수 있다는 것이다. 이러한 문제들은 대부분 상식 수준에서 해결할 수 있는데 단순히 글자와 머릿속의 상상만으로는 세밀한 부분들을 표현하기가 쉽지 않다.

따라서 이 단계부터는 스케치, 즉 그림을 그려가면서 구체적인 부분을 확인해볼 필요가 있다. 이렇게 그림을 통해서 세부적인 부분들을 확인하다 보면 시뮬레이션 하듯이 상상만으로는 알 수 없었던 중요한 포인트들과 추가적인 문제점들을 발견할 수 있을 것이다. 그리고 이 추가적인 문제점들을 해결하기 위한 또 다른 아이디어를 생각해낼 수 있으며, 결과적으로 아이디어의 완성도가 점차 높아지고, 구체적이 된다. 여기서 더 나아가면 실제 제품으로 만들 수 있는 단계에까지 도달할 수 있다.

산업에서의 예를 들자면 REAMS를 사용하여 아이디어를 만들어내는 단계가 기획과 연구개발 단계이고, 그림을 이용하여 아이디어를 구체화하는 단계가 설계 단계에 해당될 수 있다.

그림을 이용하여 아이디어를 구체화하는 방법은 간단하다. 머릿속에 있는 생각을 전부 상세하게 그려가면서 실제로 작동하거나 사용할 때의 모습을 가정하며 그림을 수정하는 것이다. 사실 딱히 정해진 방법은 없는데, 그 이유는 아이디어를 그림으로 그리는 그 자체만으로도 업그레이드할 수 있는 힌트를 얻을 수 있기 때문이다. 그림을 그리는 방법에 대한 설명이 필요하다면 아래의 절차를 참조해보자.

---

① 먼저 만들어진 아이디어에 필요한 모든 부분들을 간단하게, 가능한 전부 그린다.

그림은 미술 전공자처럼 잘 그릴 필요는 없다. 이 역시 아이디어를 만드는 과정이므로 본인이 알아볼 수만 있으면 충분하다.

② 가능한 모든 부분에 이름과 설명을 붙인다.

그림 솜씨가 부족해서 간단하게 그리다 보면 나중에 본인도 이게 무엇인지 헷갈리는 경우가 생길 수 있다. 가능하면 이름을 붙이고 간단한 설명을 붙이자. 그리고 아이디어를 구성하는 부분이 많을 경우에도 이름을 붙여 놓으면 나중에 구분할 때 도움이 된다.

③ 그림을 보면서 아이디어를 실행하는 모습을 상상한다.

특정 부분이 움직여야 하는 제품의 아이디어라면 움직이는 부분들에 실제로 움직일 때의 모습을 겹쳐서 그리는 것도 좋다. 이렇게 그리고 상상하다 보면 새로운 문제점들을 발견할 수 있을 것이며, 이때 발견한 문제점들을 해결하는 방법을 다시 그림이나 REAMS를 이용해서 생각해보면 된다.

이 장에서는 1장에서 REAMS의 예시로 든 아이디어들이 그림을 통해서 실제로 어떻게 구체화되는지 보여주고자 한다.

그 전에 먼저 필자가 만든 간단한 아이디어인 쓰레기 압축장치를 이 과정에 따라 발전시켜 보았다. 이 쓰레기 압축장치는 사각형과 삼각형과 같은 간단한 그림만으로 표현이 가능해서 쉽게 이해할 수 있을 것이다. 그리고 REAMS를 이용한 아이디어 만드는 과정도 포함해서 이해하기 쉽고 연습이 될 수 있게 만들었다.

쓰레기 압축 장치

시중에는 다양한 종류의 기계 압축 장치가 있지만 가능한 간단한 구조이면서 사람의 힘으로 쉽게 사용할 수 있는 장치에 대한 아이디어를 한 번 만들어보고자 한다.

문제의 발견

지금은 쓰레기를 버릴 때 종량제 봉투를 이용한다. 따라서 정해진 용량의 종량제 봉투에 쓰레기를 최대한 많이 넣어야 절약을 할

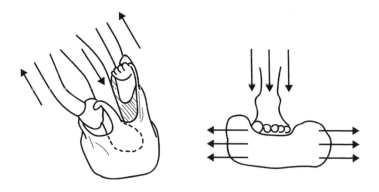

손이나 발만으로는 압축하기 어려운 쓰레기

수 있다. 그래서 사람들은 다양한 방법을 이용해서 종량제 봉투를 압축한다. 보통 발로 밟거나 쓰레기를 손으로 강하게 뭉쳐서 넣게 되는데, 쓰레기를 발이나 손으로 누르면 힘이 많이 들고 마치 풍선처럼 한쪽을 누르면 반대쪽이 솟아오르게 된다. 결국 손과 발을 여러 번 사용해야 하며, 힘도 많이 들 뿐만 아니라 시간도 많이 걸리고 제대로 압축이 되는 것 같지도 않다.

문제 1 쓰레기를 발로 밟거나 손으로 누를 때 많은 힘이 든다.
문제 2 쓰레기를 발로 밟거나 손으로 누르면 옆으로 빠져 나오곤 한다.
목표 작은 힘으로 쓰레기를 옆으로 빠져 나오지 않게 압축하는 방법

Why를 이용한 근본원인 파악

쓰레기를 발로 밟거나 손으로 누르면 왜 힘이 많이 들까? 원인은 간단하다. 아무 도구 없이 맨손이나 맨발을 사용하기 때문이다.

그렇다면 쓰레기를 발로 밟거나 손으로 누르면 왜 옆으로 빠져 나올까? 이 원인도 간단하다. 손이나 발로 누르는 면적이 작기 때문이다.

근본원인 손과 발의 힘으로만 쓰레기를 누른다.

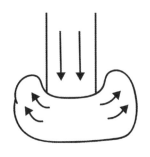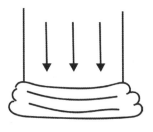

누르는 넓이에 따라서 달라지는 쓰레기 모양

REAMS를 이용한 아이디어 도출

Remove: 현재 상태는 종량제 봉투와 쓰레기로만 구성되어 있다. 어느 하나 삭제할 수 없다.

Exchange: 종량제 봉투에 쓰레기가 담겨있는 상태로 압축을 해야 한다. 다른 어떠한 도구로 쓰레기를 압축하고 난 후에 종량제 봉투에 넣는다면 다시 부피가 늘어날 것이다.

Add: 누를 때 쓰레기가 옆으로 빠져 나오지 않게 하기 위해 가이드가 필요하다. 가이드를 할 수 있는 가장 간단한 방법은 통에 넣고 통 크기만한 판으로 누르는 것이다. 다음으로 사람의 누르는 힘을 증폭해야 하는데 간단하게 지렛대의 원리를 사용하면 된다. 발로 밟으면 지렛대의 힘으로 통 안에 있는 판을 들어올려서 쓰레기를 압축하는 방식이다.

Change Material: 재료를 바꾸는 방법으로는 쓰레기를 압축할 수 없다.

Change Shape: 봉투의 모양을 바꾸는 방법으로도 쓰레기를 압축할 수 없다.

그림을 이용한 아이디어 구체화

이제 그림을 이용해서 아이디어를 구체화해보자. 원리는 간단하다. 앞에서 설명한 것과 같이 아이디어의 각 부분들을 최대한 단순화해서 그려가는 것이다. 그림은 잘 그릴 필요도 없으며 본인만 알아볼 수 있으면 충분하다. 이렇게 그림을 그리는 과정에서 자신의 생각도 정리할 수 있다.

먼저 앞에서 생각해낸 아이디어의 각 부분을 간단하게 그리고 이름을 붙여 보자.

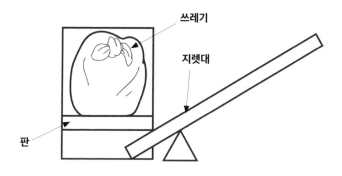

개념 아이디어를 그린 그림

그림을 그려보니 또 다른 문제점들이 나오기 시작한다. 여기서 생겨나는 문제점들은 구체화의 과정이므로 그림을 그려가면서 수정하면 된다.

지렛대의 힘을 가하는 부분을 발로 밟으면 반대쪽이 올라온다. 따라서 쓰레기를 압축하는 판이 지렛대가 올라오는 쪽의 끝에 위치해야 한다. 판을 지렛대의 끝에 그대로 붙이면 지렛대의 오르내림에 따라서 기울어지게 된다. 따라서 균일하게 쓰레기를 압축할 수 있게 판이 항상 수평으로 유지될 수 있도록 만들어야 한다. 판과 지렛대의 끝 사이에 기둥을 세우고 이 기둥은 자유롭게 움직일 수 있게 지렛대의 끝과 판을 관절 형태로 붙이면 된다.

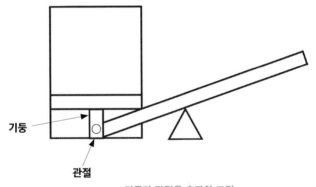

기둥

관절

기둥과 관절을 추가한 그림

지렛대가 힘을 발휘하기 위해서는 누르는 쪽의 길이가 길어야 한다. 누르는 쪽을 좀 더 길게 그려보자.

여기서 또 새로운 문제점이 생겨난다. 길이가 길어질수록 이

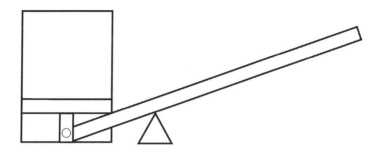

지렛대의 길이를 늘린 그림

압축장치의 부피가 커져서 보관할 장소가 마땅치 않게 된다. 집안에 놔두는 것을 고려해서 지렛대를 접을 수 있게 만들어보자. 간단하게 지렛대를 관절 형태로 그리면 된다.

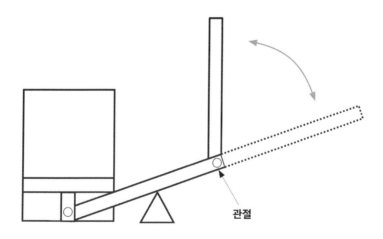

관절

지렛대에 관절을 추가한 그림

이제 쓰레기를 담는 통을 그려 보자. 통의 크기는 판의 크기와 거의 동일해야 한다. 속이 비어 있는 모습도 자세하게 그려보자. 지렛대의 받침점도 이 통이 그 역할을 대신할 수 있다.

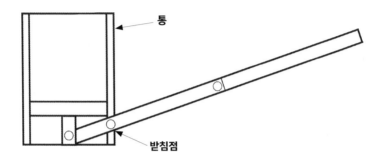

통 자체를 받침점으로 만든 그림

여기서 지렛대의 받침점 위치를 한 번 생각해볼 필요가 있다. 받침점이 아래에 위치할수록 힘을 가할 때 올라오는 부분의 거리가 짧아진다. 쓰레기를 압축하기 위해서는 쓰레기를 누르는 판이 위쪽으로 상당히 많이 올라와야 한다. 따라서 받침점의 위치를 가능한 위쪽으로 올리는 방법을 생각해야 한다. 이때 받침점을 위쪽으로 올리면 쓰레기를 누르는 판과 겹치는 문제가 생기는데 이 부분은 지렛대의 너비만큼 잘라서 홈을 만들면 해결할 수 있을 것이다.

그림을 그리다 보면 또 추가적인 문제를 발견할 수 있다. 바로

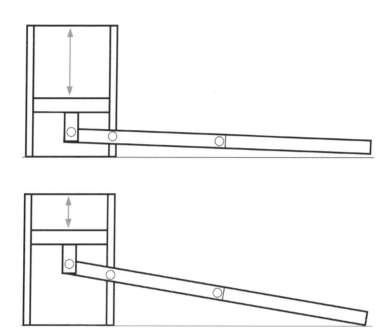

받침점의 높이에 따라 달라지는 판의 높이

지렛대가 받침점을 기준으로 원호를 그리며 움직인다는 점이다. 따라서 통 안에 있는 지렛대의 끝이 통의 안쪽에 가장 가까워지면 판 아래의 기둥이 휘어지지 않는 한 판이 안쪽 벽에 밀려 끼어서 움직일 수 없게 될 것이다.

　이 문제는 관절이 연결되는 지렛대의 끝부분을 타원형의 연결 홈으로 만들면 해결할 수 있다. 이 타원형의 연결 홈을 관절과 연결하면 지렛대가 움직일 때 관절이 홈을 따라 미끄러지므로 판이 위아

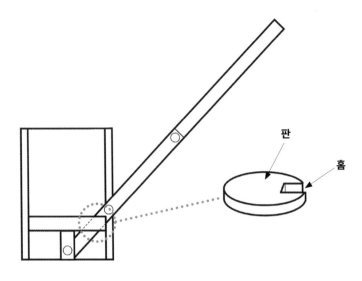

판

홈

지렛대가 판을 통과할 수 있게 추가된 홈

래로 쉽게 움직일 수 있게 된다.

이제 지렛대가 움직여도 판이 계속 수평을 유지하도록 만드는 방법을 찾아야 한다. 그런데 이 문제는 벌써 해결되었다. 판이 통의 내부 크기와 동일하므로 통의 내부 벽면이 판의 가이드 역할을 해서 판은 항상 수평을 유지할 수 있다. 판이 수평 유지를 더욱 강하게 하려면 판에 가이드를 붙이거나 판 자체를 더 두껍게 만들면 된다.

이제 판 위에 압축할 쓰레기를 올려보자. 판이 올라가면 반대쪽에 벽이 있어야 쓰레기를 양쪽에서 눌러줄 수 있다. 뚜껑을 그려서 닫으면 된다. 이 뚜껑에 열고 닫을 수 있는 힌지도 그려보자.

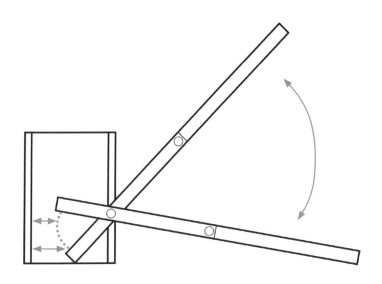

지렛대의 움직임에 따라서 달라지는 통 안쪽과의 거리

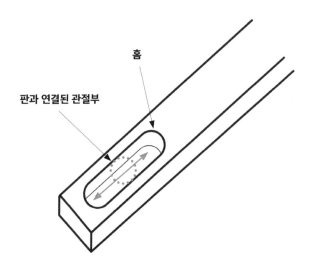

홈

판과 연결된 관절부

타원형의 홈을 추가한 지렛대의 끝부분

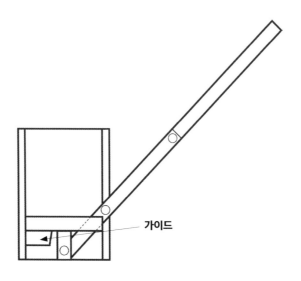

가이드

수평유지를 위한 가이드를 추가한 그림

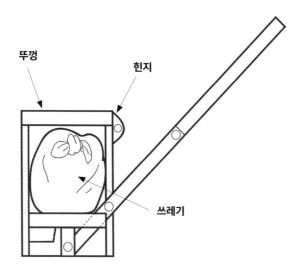

뚜껑

힌지

쓰레기

뚜껑과 힌지를 추가한 그림

여기서 또 문제가 하나 있다. 쓰레기를 아래쪽에서 누르면 뚜껑이 자연스럽게 열리게 된다. 뚜껑에 잠금장치를 달아야 한다. 주위에서 볼 수 있는 잠금 장치는 매우 많다. 간단하게 사용할 수 있는 잠금 장치인 구멍 뚫린 판과 쇠막대를 적용해 보자.

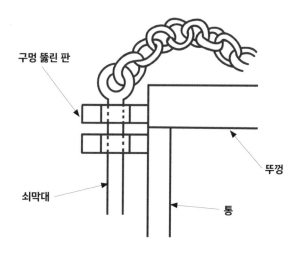

뚜껑을 고정하는 부분을 확대한 그림

이제 구체적인 아이디어가 완성되었다. 그림으로 그려가면서 발생하는 추가적인 문제를 해결하다 보니 나름 정교한 장치가 만들어졌다.

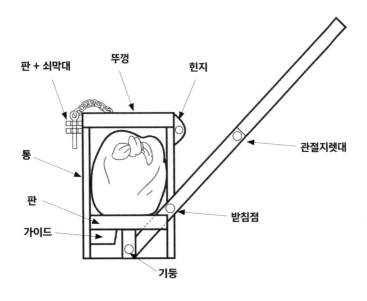

판 + 쇠막대 **뚜껑** **힌지**

관절지렛대

통

판

받침점

가이드

기둥

완성된 아이디어 스케치

이제부터는 1장에서 아이디어를 만들어냈던 예시들을 대상으로 그림을 이용해 구체화하는 과정을 보여주고자 한다.

Tip. 특허를 만드는 아이디어 메모

메모하는 방법에 대한 책이 시중에 많이 나와 있다. 왜 그럴까? 메모는 장기적인 기억과 활용을 위해서 매우 중요하기 때문이다. 지금 당장 써먹을 수 없다고 하더라도 어렵게 만들어낸 아이디어를 어딘가 기록해 놓을 필요가 있다. 언젠간 빛을 발할 수 있도록 나의 소중한 아이디어를 기록하는 방법을 소개하고자 한다.

이번 장의 내용을 따라가면서 아이디어를 만들고 그림을 그려보면 휘갈겨 쓴 글과 그림이 뒤죽박죽 표시된 다량의 종이가 남을 것이다. 이렇게 뒤죽박죽인 종이를 잘 모아 놓았다가 나중에 필요한 시점에 이것을 꺼내서 보면 곧바로 이해를 할 수 있을까?

사람은 망각의 동물이다. 아무리 자신이 어렵게 고민해서 만들어낸 것이라도 세월이 지나면 세세한 부분은 완벽하게 기억해내지 못한다.

만들어낸 아이디어를 나중에 쉽게 활용할 수 있도록 메모하는 방법에 대해 소개하고자 한다. 아래의 항목에 따라서 메모해 놓으면 나중에 다시 봤을 때 좀 더 쉽게 이해할 수 있을 것이다. 대부분의 사업 구상 아이디어나 특허는 이와 같은 형태로 정리되어 있으므로 나중에 사업 계획서를 작성하거나 특허를 출원할 때 이 메모를 더욱 유용하게 활용할 수 있다.

아이디어 메모하기

1. 아이디어 타이틀

무엇이든 타이틀, 즉 제목이 중요하다. 제목만 보고도 무엇인지 곧바로 떠올릴 수 있는 제목이 좋다. 나중에 아이디어가 많이 쌓였을 때 쉽게 찾을 수 있게 특징이 들어있는 제목을 만들어보자.

2. 문제의 정의

앞장에서부터 계속 읽으며 느꼈겠지만 문제를 정의하는 과정은 아이디어가 만들어지게 된 배경이라고 할 수 있다. 따라서 어디에 사용하는 아이디어인지 정확하게 이해하기 위해서는 문제의 정의를 기록해 둘 필요가 있다. 그리고 이렇게 문제를 기록해 놓고 나중에 다시 보면 또 새로운 아이디어를 만들어내는 계기가 되기도 한다.

3. 아이디어의 목적

아이디어의 목적 또한 이 아이디어를 어디에서 어떻게 사용하는지 이해하는 데 도움이 된다. 간단한 문장이지만 이 역시 기록해 놓으면 나중에 기억을 되살리는 좋은 수단이 된다.

4. 문제의 해결방법

아이디어의 핵심을 기록하는 부분이다. 아이디어를 만들기 위해서 필요한 구조와 원리 등을 이 부분에 메모하면 된다. 그리고 각 부분을 간단한 단어로 정리해서 이 단어들의 사이에 더하기 기호인 '+'를 넣으면 하나의 발명품으로 이해하는 데 도움이 될 것이다.

5. 아이디어 스케치

아이디어를 구성하는 데 필요한 그림을 넣는 부분이다. 아이디어는 문장만 있는 것보단 그림이 함께 있는 것이 이해하는 데 큰 도움이 된다.

가능하면 아이디어를 구성하는 데 필요한 모든 부분의 그림들을 다 포함하는 것이 좋다. 나중에 이 그림을 보고 실제로 제품을 만들기 위해서 상세한 설계를 할 때 도움이 되기 때문이다.

휴대용 골프채 소독 장치

앞 장에서 UV 램프를 이용해서 골프채의 손잡이를 소독하는 휴대용 장치의 아이디어를 만들었다.

먼저 본 아이디어의 핵심인 소독을 위한 UV 램프를 어디에 어떻게 배치할지 생각해보자. 일반적인 식기소독 장치를 보면 안쪽에 큰 램프가 하나 배치되어 있다. 이 식기소독 장치처럼 골프채 소독 장치 내부의 한쪽 구석에 UV 램프를 하나만 배치하면 문제가 생긴다. 식기소독 장치와 다르게 본 아이디어의 장치는 골프채 손잡이가 장치 내부에 완전히 들어오게 되면서 불빛이 닿지 않는 음영구역이 생기기 때문이다. 따라서 골고루 소독할 수 있게 가능한 4면에 모두 UV 램프를 배치하면 좋을 것이다. 내부에 사각형을 UV 램프라고 가정하고 배치하여 그려본다.

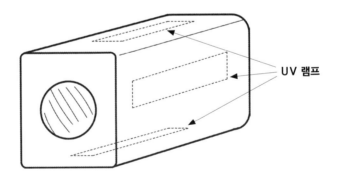

점선으로 그린 장치 내부의 UV 램프

장치를 어떻게 작동하게 만들지도 생각해보자. 골프채를 넣으면 자동으로 UV 램프가 작동되게 하거나 수동으로 UV 램프의 전원을 켜는 방법을 생각할 수 있다. 자동으로 작동되게 하려면 골프채 손잡이를 인식할 수 있는 스위치가 내부에 있어야 할 것이다. 골프채 손잡이가 들어가면 스위치가 눌리며 UV 램프가 자동으로 켜지게 하면 된다. 수동으로 UV 램프를 켜려면 장치의 외부에 손으로 누를 수 있는 전원 버튼을 배치하면 될 것이다.

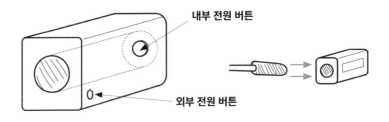

전원 버튼 위치의 예

또 추가적인 문제가 생길 수 있다. 골프채의 종류가 다양하기 때문에 골프채 손잡이의 형태와 크기가 조금씩 다르다는 점이다. 골프채 손잡이의 크기가 너무 작을 경우 소독 장치가 골프채 손잡이에 고정되기 쉽지 않을 것이다. 손잡이의 크기가 큰 경우도 문제가 생길 수 있는데 이 문제를 해결하기 위해서는 장치의 크기를 손잡이가 제일 큰 골프채의 크기에 맞추면 해결할 수 있다.

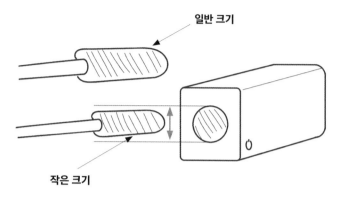

일반 크기

작은 크기

추가로 생각해야 할 골프채 손잡이의 크기

손잡이 고정의 문제를 해결하기 위해서 주변에서 흔하게 볼 수 있는 사물을 참고하면 도움이 된다. 바로 '휴대용 칫솔 소독 장치'다. 이 장치는 뚜껑이 달려있는 케이스 형태로 내부에 UV 램프가 붙어 있다. 휴대용 칫솔 소독 장치처럼 골프채 소독 장치도 힌지를 추가하면 몸체를 뚜껑처럼 열고 닫을 수 있다. 그리고 내부에는 골프채 손잡이 부분을 고정할 수 있는 고무나 실리콘 재질을 추가로 배치하면 문제를 해결할 수 있다.

이제 전원을 공급하는 방법에 대해서 생각할 차례다. 전원은 휴대용 장치에서 흔하게 사용하는 방법을 활용하면 된다. 외부에서 전원을 공급할 수 있는 단자를 만들어서 케이블을 꽂아서 사용하거나 건전지를 넣을 수 있는 공간을 만드는 방법을 생각할 수 있다. 아니면 외부에 전원 공급단자와 내부에 충전식 배터리를 내장해서 충전하면서 사용하는 방법도 고려해볼 수 있다.

IDEA

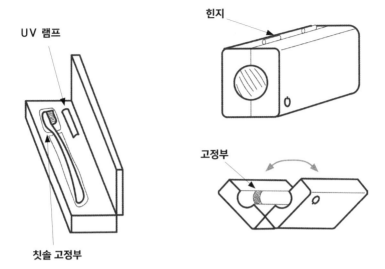

UV 램프

힌지

고정부

칫솔 고정부

휴대용 칫솔소독기를 응용한 장치의 몸체

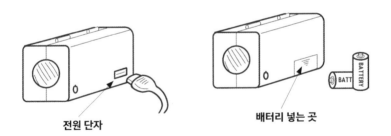

전원 단자

배터리 넣는 곳

BATTERY

BATT

전원공급을 위한 다양한 방법들

✎ 메모 – 휴대용 골프채 소독 장치

1. 아이디어 타이틀: 휴대용 골프채 소독 장치
2. 문제의 정의: 기존의 골프채 세척 장치는 크기가 너무 커서 들고 다닐 수 없다.
3. 아이디어의 목적: 가볍게 가지고 다닐 수 있는 휴대용 골프채 세척 장치
4. 문제의 해결방법: 골프채 손잡이를 넣을 수 있는 상자 형태의 몸체 내부에 자외선 램프와 배터리를 내장한다.

   절반으로 나뉘어져 열고 닫을 수 있는 상자 형태의 몸체 + 몸체의 내부 안쪽 벽면에 있는 자외선 램프 + 전원을 공급하기 위한 단자(또는 건전지) + 몸체 안쪽에서 골프채를 잡아주는 고무 소재의 패드

5. 아이디어 구성도

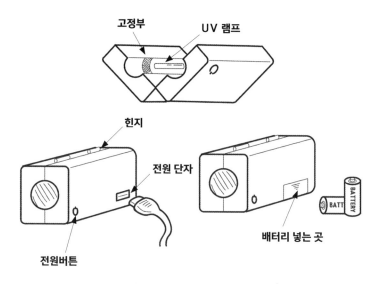

휴대용 골프채 소독장치의 아이디어 스케치

USB도어락

앞장에서 전자 도어락의 전자키를 USB로 대체하는 아이디어를 만들었다. 전자키를 그대로 두고 USB키를 추가하는 아이디어도 좋은 방법이다.

이제 USB를 전자 도어락에 어떻게 꽂을 수 있을지 생각해볼 필요가 있다.

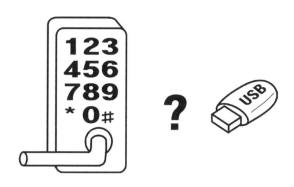

꽂는 방법의 고민이 필요한 USB키

전자 도어락을 보면 번호판과 손잡이, 그리고 전자키를 인식하기 위해 접촉할 수 있는 공간이 마련되어 있다. USB를 키로 사용하기 위해서 USB를 꽂아서 읽을 수 있는 포트가 필요하다. 이 USB 포트는 어디에 배치하면 될까?

전자 도어락은 어느 정도 두께가 있기 때문에 위쪽이나 측면에

USB 포트를 만들 공간이 충분하다. 하지만 실제로 USB를 꽂아서 키로 사용한다는 가정을 해보면 아무래도 번호판이 있는 앞쪽에 만드는 것이 제일 편리하다는 것을 확인할 수 있다.

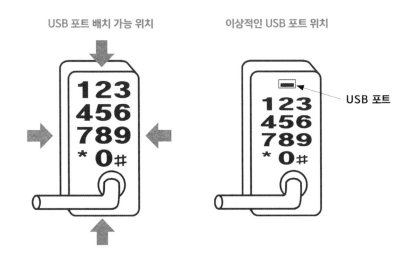

다양하게 생각할 수 있는 USB포트의 위치

이제 USB키를 사용하는 전자 도어락을 구매해서 실제로 사용하는 상황을 상상해보자. USB를 키로 이용하려면 이것과 일치하는 정보가 전자 도어락에 저장되어 있어야 한다. 그리고 전자 도어락을 구매할 때 이 키 정보가 저장된 USB키를 판매사에서 함께 제공해야 한다. 만약 USB키를 하나 더 추가해서 만들려면 개인 PC에 정보를 복사해서 저장하고 새롭게 키로 만들 USB에 이를 옮겨 저장하면 될 것이다. 여기서 문제가 발생할 수 있다. 만약에 모든 USB키를 잃어버리고 개인 PC에도 문제가 생겨서 키 정보가 삭제되어 관련 정보가 도어락에만 남아 있게 된다면 어떻게 할 것인가? 이 경우를 대비해 전자 도어락 안에 저장되어 있는 정보를 복사할 수 있는 기능도 포함되어 있어야 한다. 하지만 만약에 문 바깥쪽에 있는 전자 도어락의 USB 포트에 꽂아서 키 정보를 복사할 수 있게 되면 보안에 문제가 생긴다. 따라서 문 안쪽에 USB키 정보를 복사하는 용도의 USB 포트가 추가로 있어야 하며, 문 바깥쪽의 USB 포트는 키 정보를 읽는 것만 가능하게 기능이 제한되어야 한다. 그리고 문 안쪽의 전자 도어락에 있는 포트에 USB를 꽂고 키 정보를 복사하는 명령을 할 수 있는 키 복사 버튼이 추가로 필요하다.

✎ 메모 - USB 도어락

1. 아이디어 타이틀: USB를 이용한 전자 도어락

2. 문제의 정의: 기존의 전자 도어락은 전자키를 분실할 경우 다시 만들기 어렵다.

3. 아이디어의 목적: 쉽게 전자키를 추가로 만들 수 있고 간단하게 전자키를 인식할 수 있어야 한다.

4. 문제의 해결방법: 전자 도어락에 USB 포트와 전자키 정보를 저장하고 매칭되는 전자키 정보를 저장한 USB를 이용하여 전자 도어락을 작동. 전자 도어락 + USB전자키 + 바깥쪽 도어락에 있는 USB 포트 + 안쪽 도어락에 있는 USB 포트 + 안쪽 도어락에 있는 USB 키 복사 버튼

5. 아이디어 구성도

USB 포트

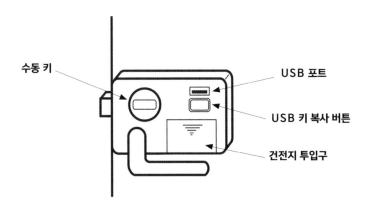

수동 키

USB 포트

USB 키 복사 버튼

건전지 투입구

USB를 이용한 전자도어락의 아이디어 스케치

스노우 모빌

앞서 만든 아이디어에 따라서 눈 위를 달리는 자동차를 위한 동력은 캐터필러를 이용하여 얻고 방향 전환은 썰매 날을 통하여 만든다고 하자. 이제 캐터필러와 썰매 날을 어떻게 자동차에 붙일 것인지 생각해볼 필요가 있다.

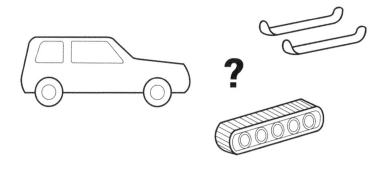

구체적인 생각이 필요한 다양한 장치간의 결합

일반적인 자동차를 생각해보면 방향 전환은 앞바퀴로 하고 동력 전달은 뒷바퀴 또는 앞바퀴, 어떤 경우에는 앞뒤 바퀴를 모두 이용하기도 한다. 즉, 앞바퀴는 방향 전환을 기본적으로 사용하고 뒷바퀴는 필요할 때 동력을 전달하는 구조로 되어 있다. 따라서 눈 위를 달리기 위한 이 자동차는 동력을 만드는 캐터필러를 뒤에 배치하고 방향 전환을 위한 썰매 날은 앞부분에 배치해야 한다.

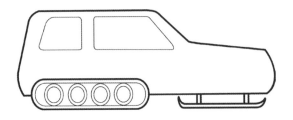

방향전환과 전진을 할 수 있는 이상적인 각 부분의 위치

이렇게 뒷바퀴에 캐터필러를 배치하고 앞바퀴에 썰매 날을 배치한 후 작동에 필요한 각종 장치들을 넣다 보면 다양한 문제가 발생할 수 있다. 하지만 이 부분은 전문적인 기계공학의 영역이므로 이와 관련된 세부적인 문제는 이 책에서 다루기에 적합하지 않다.

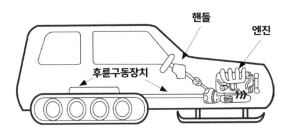

앞쪽에 놓여진 엔진을 고려한 내부 모습

굳이 좀 더 세부적인 부분을 고려하자면 차체의 앞부분에 엔진

을 배치할 경우 뒷부분의 캐터필러에 회전하는 동력을 전달하기 위한 후륜구동장치[4]를 추가할 수 있다. 그리고 방향을 제어하는 앞쪽의 썰매 날에는 핸들을 직접 연결할 수 있을 것이다.

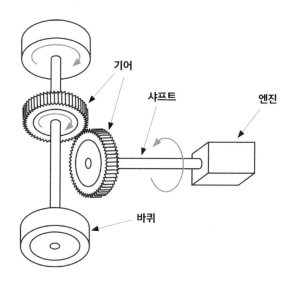

후륜구동장치의 원리

---

4 후륜구동장치: 앞쪽에 엔진이 있고 뒷바퀴를 굴리는 자동차에서 주로 사용하는 방식이다. 엔진의 회전을 샤프트를 이용해서 뒤쪽으로 전달하고 수직으로 맞물린 기어를 이용해서 회전 방향을 수직으로 바꿔서 바퀴를 회전하는 원리이다.

🖉 메모 - 스노우 모빌

1. 아이디어 타이틀: 스노우 모빌

2. 문제의 정의: 자동차는 눈 위에서 빠르게 달릴 수 없다.

3. 아이디어의 목적: 눈 위에서 빠르게 달릴 수 있는 자동차

4. 문제의 해결방법: 자동차의 앞바퀴 쪽에 썰매를 달고 뒷바퀴 쪽에 캐
   터필러를 배치. 앞으로 전진하는 동력원은 캐터필러로 구성한다.

   자동차 차체 + 핸들과 연결된 앞부분의 썰매 + 엔진 및 동력 발생을
   위한 각종 부품 + 뒷바퀴 위치의 캐터필러 + 캐터필러에 엔진의 회전
   을 전달하는 후륜구동장치

5. 아이디어 구성도

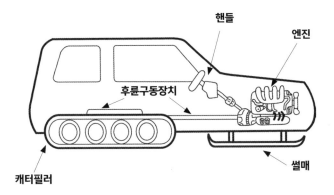

스노우모빌의 아이디어 스케치

조립식 작물 하우스

앞 장에서 PET 소재로 되어있는 다수의 창문을 하우스의 프레임에 붙이는 아이디어를 만들었다. 이제 이 아이디어대로 창문을 붙였을 때 문제점은 없는지 그림을 그려가며 확인해보자.

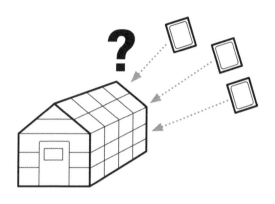

구체적인 아이디어가 필요한 PET 창의 부착 방법

아이디어를 따라 PET 소재로 된 창을 하우스의 프레임에 붙이려고 하면 문제가 발생한다. 이 창을 프레임에 무엇을 사용해서 붙이냐는 것이다. 이 문제는 프레임의 소재를 생각하면 해결책이 보인다. 프레임이 철로 되어 있기 때문에 PET 창의 가장자리에 자석을 붙이면 해결이 가능해진다. 그리고 PET 소재에 잘 맞도록 쉽게 구부러질 수 있는 고무자석을 활용하면 된다. 그런데 또 한 가지 문제가 남아있다. 바로 프레임의 두께다. 창을 붙이기 위해서는 프레임의 두께가 충분히 두꺼워야 한다. 만약에 창끼리 겹쳐서 붙일 경우 창이 다른 창의 두께에 의해서 떠올라 틈이 생기게 된다. 비가 온다면 이 틈으로 물이 샐 수도 있으며, 겹쳐질 때 바깥쪽에 붙는 창은 안쪽에 있는 창의 두께 때문에 자석의 힘이 약해져서 내구성이 떨어질 수도 있다.

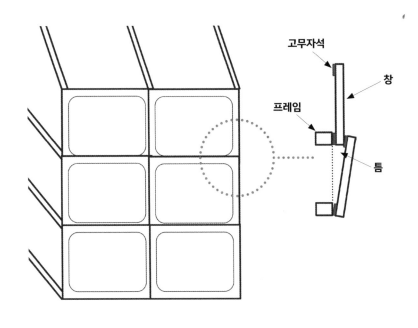

프레임의 폭이 좁으면 생길 수 있는 문제점

이 문제를 해결하기 위해서는 하우스의 프레임을 넓게 만들면 된다. 그렇지만 프레임을 넓게 만들어 창을 붙여도 또 추가적인 문제가 생긴다. 보통 어떤 제품을 대량 생산하다 보면 생산 과정에서 크기가 조금씩 달라지는 경우가 생기는데, 이처럼 PET 창도 완벽하게 균일한 크기로 만들기 어렵다. 거기다 하우스에 사용될 많은 양의 창을 프레임에 정확하게 맞춰서 붙이는 것도 쉽지 않다. 이렇게 되면 결국 창을 붙일 때 프레임의 여유 공간이 조금씩 밀려서 나중에 창을 붙이지 못하는 공간이 생길 수도 있다.

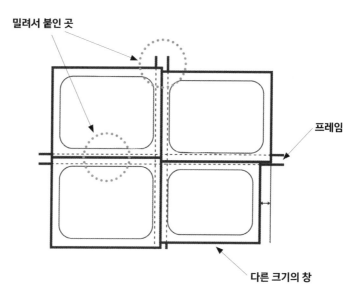

단순한 모양의 창을 붙일때 생길 수 있는 문제점

이 문제의 해결을 위해서는 프레임의 두께만큼 창틀의 일부를 솟아오르게 만들어야 한다.

창을 일종의 뚜껑과 같이 프레임을 덮는 형태로 만들면 프레임이 가이드 역할을 하므로 사용자가 쉽게 뗐다 붙일 수 있을 것이다. 그리고 창의 크기가 서로 달라서 붙이는 위치를 결정하기 어려워지는 문제도 어느 정도 해결할 수 있다. 이런 그림을 그릴 때는 단면도를 함께 그리면 이해에 더 도움이 된다.

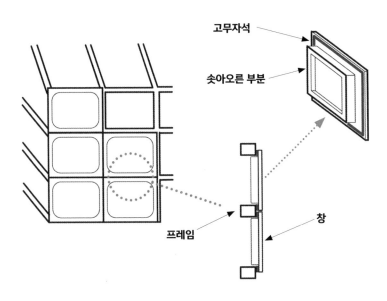

쉽게 끼울 수 있게 바꾼 창의 모양

✎메모 - 조립식 작물하우스

1. 아이디어 타이틀: 조립식 작물하우스

2. 문제의 정의: 비닐 하우스가 손상되면 부분적인 보수가 어렵다.

3. 아이디어의 목적: 부분적인 보수가 쉬운 튼튼한 작물 하우스

4. 문제의 해결방법: 비닐 대신 PET 소재로 되어 있는 다수의 창틀에 고
   무자석을 붙여서 작물 하우스의 프레임에 부착한다.

   하우스 철 프레임 + PET 창이 달린 창틀 + 창틀의 한쪽면에 붙인 고
   무자석 + 고무자석이 붙어있는 방향으로 솟아 있는 창틀 구조

5. 아이디어 구성도

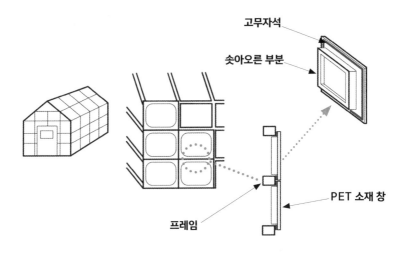

조립식 작물하우스의 아이디어 스케치

친환경 가로수

앞장에서 가로수의 모양을 한 공기정화 장치와 태양 전지판의 아이디어를 만들었다. 만들어진 아이디어대로 태양 전지판을 나뭇잎 모양으로 하고 공기정화 장치는 나무의 줄기 모양으로 그려보면 다음과 같다.

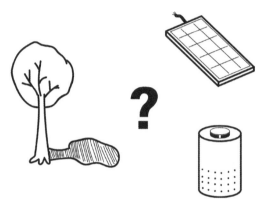

구체적인 생각이 필요한 아이디어들의 조합

이 아이디어의 핵심은 모양을 바꾸는 것이다. 따라서 나무 줄기 모양의 몸체를 그리고 공기정화 장치의 공기흡입구와 배출구를 그리면 된다. 깨끗한 공기가 멀리 퍼져 나갈 수 있도록 배출구를 가능한 높은 곳에 만드는 것이 좋을 것이다.

공기정화 장치는 정기적으로 필터를 교체해야 한다. 따라서 몸체에 필터를 교체하기 위한 커버가 필요하다. 필터를 교체하기 위한

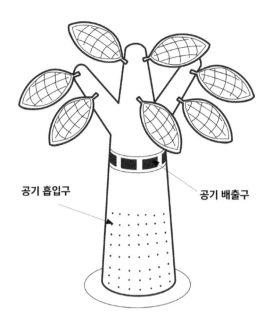

공기 흡입구

공기 배출구

이상적인 공기배출구와 공기흡입구의 위치

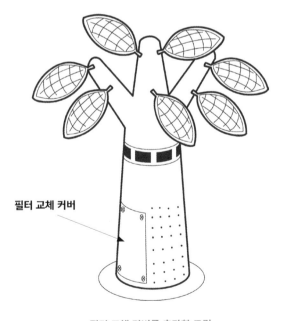

필터 교체 커버

필터 교체 커버를 추가한 그림

커버를 그린다.

　무더운 여름날에 길에 물을 뿌리는 모습을 한 번씩 볼 수 있다. 더울 때 물을 뿌리면 물이 증발되면서 열을 빼앗아가기 때문에 주변의 온도가 내려가서 시원해진다. 이 인조 가로수에도 주변을 시원하게 만드는 기능이 있으면 더 좋을 것 같다. 줄기 부분에 물을 분무기

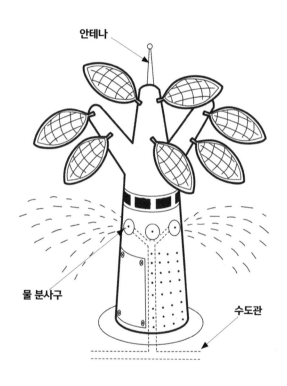

기능을 더 추가한 최종 아이디어 그림

처럼 뿌릴 수 있는 물 분사구를 추가로 그린다. 그리고 지하에 있는 수도관과 연결하여 이 물을 분사하면 원하던 효과를 얻을 수 있다. 그리고 이 장치를 동사무소나 시청과 같은 외부 관리자가 제어할 필요가 있는데, 유선 또는 무선 통신을 이용하면 해결된다. 무선 통신으로 제어할 경우에는 인조 가로수에서 제일 높은 위치에 안테나를 추가하면 된다.

✏️ 메모 - 친환경 가로수

1. 아이디어 타이틀: 가로수 형상의 공기 정화장치

2. 문제의 정의: 기존의 가로수는 겨울에 잎이 시들어서 그 기능을 할 수 없다. 매연이 심한 곳에서는 가로수가 병들거나 죽게 된다.

3. 아이디어의 목적: 계절과 매연에 상관없이 가로수의 기능을 수행하는 장치

4. 문제의 해결방법: 나무 줄기 모양의 몸체에 공기정화 장치와 배터리를 부착하고 잎에 해당되는 부분에는 나뭇잎 모양의 태양광발전 패널을 배치한다.

   나무 줄기 모양의 몸체 + 몸체 내부에 있는 공기정화 장치 + 몸체 내부에 있는 배터리 + 나뭇잎 모양의 태양광발전 패널 + 상수도 관에서부터 연결되어 몸체의 윗부분에서 돌출된 물 분사구 + 안테나

5. 아이디어 구성도

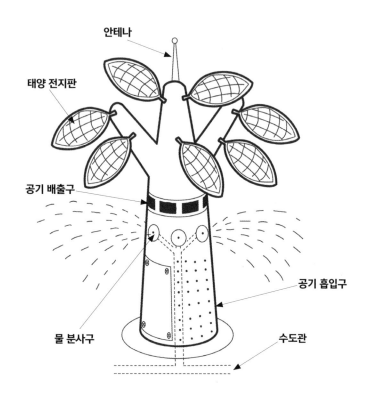

안테나

태양 전지판

공기 배출구

물 분사구

공기 흡입구

수도관

친환경 가로수의 아이디어 스케치

에어팟

    앞장에서 유선 케이블을 블루투스로 대체하고 별도의 휴대용 충전 배터리를 이용해서 가지고 다니는 아이디어를 만들었다. 이제 실제로 그림을 그려보면서 아이디어를 구체화해보자.

먼저 블루투스 장비 자체를 이어폰 안에 넣는 것에는 큰 문제가 없다. 따라서 군이 정확한 배치를 본 책에서는 자세하게 확인하지는 않으려고 한다. 이 아이디어가 가진 문제는 충전단자의 배치와 휴대용 충전배터리의 모양이다. 만약 충전단자를 이어폰의 측면에 배치하면 이와 연결하기 위한 별도의 케이블이 필요할 것이다. 그리고 이어폰 외부에 충천단자 구멍이 뚫려 있으면 보기에도 별로 좋지 않다. 예전에 나온 블루투스 이어폰 중 측면에 충전단자를 마련하고 별도의 고무 커버를 달아놓은 것이 있었는데 커버가 오래되면 떨어져서 보기에 좋지 않았다.

위쪽에 충전단자를 넣었을 때의 모습

충전단자를 이어폰의 하부에 배치하면 디자인 측면에서 보기가 좋을 것이다. 이제 문제는 충전용 배터리이다. 배터리 외부에 충전용 단자를 마련하면 이어폰이 노출되어서 분실할 가능성이 높아진다. 물론 이동할 때마다 조심해야 하므로 가지고 다니기도 버겁다.

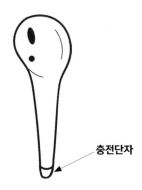

이상적인 충전단자의 위치

　　배터리를 이어폰을 넣을 수 있게 케이스 형태로 만들면 이러한
분실의 위험성을 줄일 수 있을 것이다. 그리고 이어폰을 넣었을 때
이어폰의 충전단자가 위치하는 곳에 배터리의 충전단자를 배치하면
이어폰을 넣어서 곧바로 충전할 수 있으므로 무척 편리해진다.

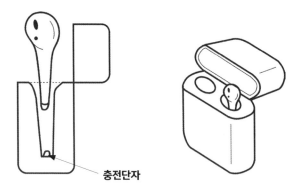

충전과 보관을 생각한 최종 아이디어

✏️ 메모 - 에어팟

1. 아이디어 타이틀: 충전 케이스가 있는 무선 이어폰
2. 문제의 정의: 이어폰 케이블은 파손될 수 있으며 사용자에게 걸리적 거린다. 무선 이어폰은 장시간 이용할 수 없으며 분실의 염려가 높다.
3. 아이디어의 목적: 장시간 사용할 수 있는 무선 이어폰
4. 문제의 해결방법: 무선 이어폰의 끝부분에 충전단자를 만들고 내부에 충전단자가 있는 케이스 형태의 대용량 배터리를 추가한다.
   블루투스가 내장된 이어폰 +이어폰 아래쪽에 노출된 충전단자 + 뚜껑이 달리고 배터리가 내장된 충전 케이스 + 케이스 내부의 이어폰 아래쪽이 닿는 위치의 충전단자
5. 아이디어 구성도

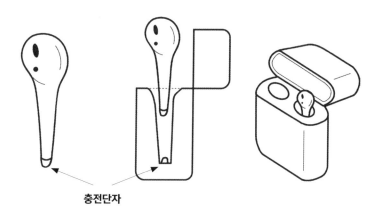

충전단자

에어팟의 아이디어 스케치

미라클 몹

앞장에서 살펴본 것처럼 이 아이디어는 이중의 봉과 물걸레를 연결한 후 짜는 동작을 생각해보면서 생기는 문제점들을 해결해 나가면 된다. 먼저 마포걸레의 양끝을 각각 바깥쪽 봉과 안쪽 봉에 연결해서 고정한다. 이렇게 하면 안쪽 봉과 바깥쪽 봉을 반대로 돌려서 마포걸레를 비틀 수 있다는 것을 알 수 있다.

IDEA

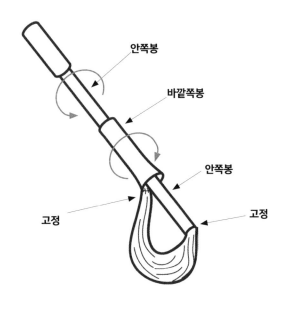

이중봉과 걸레의 연결 방법

하지만 이대로 사용하려고 하면 문제가 생긴다. 바로 마포걸레의 모양 때문이다. 봉이 둥글다 보니 마포걸레가 제대로 끼워지지 않는 부분이 생기는 것이다. 마포걸레가 이렇게 끼워져 있으면 청소할 때 불편하다. 그리고 봉 둘레 전체로 돌려서 끼우기도 쉽지 않기 때문에 사용한 걸레의 교체가 어렵다.

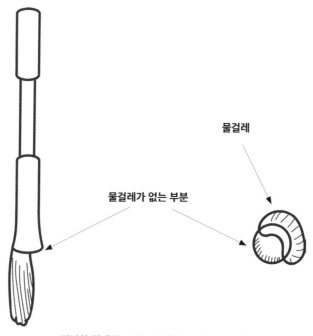

물걸레

물걸레가 없는 부분

평범한 걸레의 모양으로 생길 수 있는 문제점

이 문제는 마포걸레에 봉을 넣을 수 있는 고리모양을 만들고 양 끝을 연결하면 해결할 수 있다. 그리고 바깥쪽 봉의 끝부분 둘레

를 걸레의 구멍보다 크게 만들면 바깥쪽 봉에 고정되는 걸레 부분은
별도의 장치를 이용하지 않아도 된다.

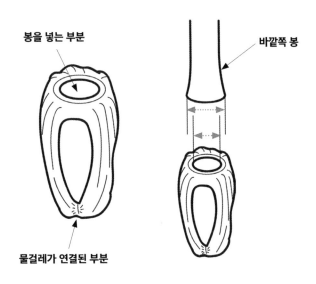

쉽게 교체가 가능하며 골고루 퍼질 수 있게 만든 걸레의 모양

미라클 몹의 최신 제품은 내부에 스크류 모양으로 구조를 만들
어서 안쪽봉을 미는 동작만으로 걸레를 회전시켜 짤 수 있게 만들었
다. 이 아이디어는 모양의 변화로 다양한 아이디어를 만들 수 있다는
좋은 예시가 된다.

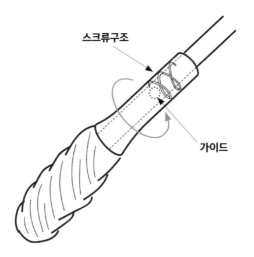

스크류구조

가이드

스크류 구조를 추가한 미라클 몹

✏️메모 - 미라클 몹

1. 아이디어 타이틀: 봉을 회전시켜 물기를 짜는 물걸레

2. 문제의 정의: 물걸레의 물기를 손을 사용해서 짜야 한다.

3. 아이디어의 목적: 손을 대지 않고 물기를 짤 수 있는 물걸레

4. 문제의 해결방법: 봉을 회전할 수 있게 안쪽 봉과 바깥쪽 봉으로 구성
   하고 걸레의 양쪽 끝을 안쪽봉과 바깥쪽 봉에 각각 고정한다. 걸레의
   양쪽 끝을 연결하고 한쪽에 봉을 통과시킬 수 있는 구멍을 만들고, 바
   깥쪽 봉의 끝부분은 걸레의 구멍보다 크게 한다.

5. 아이디어 구성도

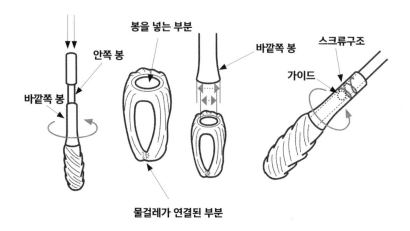

안쪽 봉

봉을 넣는 부분

바깥쪽 봉

스크류구조

가이드

바깥쪽 봉

물걸레가 연결된 부분

미라클 몹의 아이디어 스케치

보아 시스템

앞장에서 만든 아이디어와 같이 신발끈을 와이어로 바꿔서 감기 위한 장치를 구체적으로 그림을 그려본다.

낚시대에 있는 릴의 원리를 이용하자니 릴을 그대로 신발에 붙이기에는 문제가 있다. 신발끈이 늘어날 때마다 조여줘야 하지만 신발이 너무 조이면 신발끈을 풀어야 하는 경우도 있기 때문이다. 따라서 신발끈을 감거나 풀고 난 후 현재 상태의 끈을 계속 잡아서 유지시켜주기 위한 장치가 필요하다.

신발끈이 감겨져 있는 릴의 고정을 위해서 톱니바퀴를 사용하는 방법을 생각할 수 있다. 톱니바퀴가 멈춰야 할 때 고정시켜주는

좀 더 생각이 필요한 릴을 이용한 신발끈 묶기

핀을 추가하고 이 핀을 열었다 닫을 수 있게 하면 쉽게 신발끈을 늘리고 줄인 후 고정시킬 수 있을 것이다.

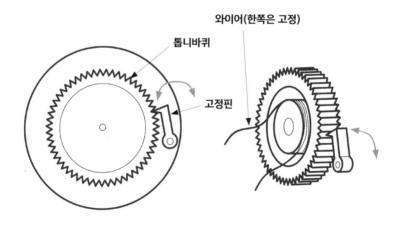

톱니바퀴와 고정핀의 원리

이렇게 톱니바퀴로 고정하는 장치에 와이어가 감긴 릴을 연결하고 이 장치의 크기를 작게 만들어서 신발의 원하는 위치에 붙이면 아이디어가 완성된다. 장치를 붙이는 위치는 손이 잘 닿을 수 있게 위쪽 또는 옆쪽이 좋을 것이다.

다양한 위치에 놓을 수 있는 보아시스템

✎ 메모 - 보아 시스템

1. 아이디어 타이틀: 돌리는 방식으로 끈을 조이고 풀 수 있는 신발

2. 문제의 정의: 신발의 내부 사이즈를 조정하기 위해서 신발끈을 묶었다 풀었다 해야 한다.

3. 아이디어의 목적: 쉽게 조이고 풀 수 있는 신발

4. 문제의 해결방법: 낚시대의 릴과 같이 회전과 고정이 가능한 장치에 와이어를 연결하고 신발끈의 형태로 묶는다.

5. 아이디어 구성도

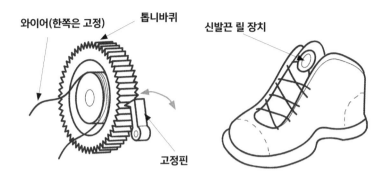

와이어(한쪽은 고정)   톱니바퀴   신발끈 릴 장치

고정핀

보아시스템의 아이디어 스케치

#idea

그림을 이용하여
아이디어를 구체화하는 방법은
간단하다.
머릿속에 있는 생각을
전부 상세하게 그려가면서
실제로 작동하거나
사용할 때의 모습을 가정하며
그림을 수정하는 것이다.

부록
___

특허
출원
실전!

idea

당신의 아이디어를 특허 출원하라

여러분이 생각해낸 멋진 아이디어들을 메모로만 보관하기에는 뭔가 아쉬울 것이다. 직장을 다니면서 부가적인 수입을 내고 싶은데, 새로운 사업이 될 것도 같은데…. 그렇다고 많은 돈을 들여서 모든 아이디어들을 하나씩 실제 제품으로 만들다보면 금방 빚더미에 앉게 될 수도 있다. 안타깝게도 우리들 대부분은 아이언맨이나 일론 머스크Elon Reeve Musk가 아니다.

혹시나 아이디어 메모장을 가지고 다니다가 잃어버리면 누군가 주워서 본인 것처럼 사용할지도 모르는 일이다. 이렇게 상상만해도 속상한 일을 미리 막고 싶지 않은가? 다행히 발명자의 아이디어를 보호해주는 특허라는 좋은 제도가 있다.

특허의 가장 좋은 점은 '특허를 먼저 내는 사람이 임자'라는 것이다. 즉, 아이디어를 생각해냈을 때 곧바로 출원하면 아이디어의 주인으로 인정받게 된다. 그런데 보통 특허라고 하면 '어렵고', '비쌀 것이다'라는 인식이 지배적이다. 물론 특허가 어렵고 비싼 것은 맞는 말이다. 단, 기업과 같이 전략적으로 특허를 활용할 때 해당되는 얘기다. 기업에서는 특허의 등록을 위해서 전문가인 변리사와 특허사무소를 이용하며, 매년 특허의 유지를 위해서 많은 비용을 투자하고 있다.

이에 비해 개인이 직접 특허를 출원할 경우에는 그 비용이 생각한 것보다 훨씬 저렴하다. 특허 명세서까지 직접 작성한다면 약 13,000원 남짓의 수수료만 들여서 출원할 수 있다. 게다가 특허의 관리를 주관하는 특허청에서는 특허의 대중화를 위해서 많은 교육을 시행하고, 자료도 배포하고 있어서 출원에 관한 정보를 쉽게 접할 수 있다. 인터넷으로 한 번 검색만 해도 특허 출원방법에 대해서 쉽게 찾을 수 있으니 자료를 구해서 읽어보면 큰 도움이 될 것이다.

아이디어를 만드는 것에서 그치지 말고 특허 출원이라는 실행의 단계까지 한 번 가보자. 단 한 번만이라도 차근차근 따라서 진행해보면 그 다음부터는 어렵게 느껴지지 않을 것이다. 뭐든지 처음이 어렵다. 그 '한 발짝'을 위해서 개인이 특허를 출원하는 방법, 특히 특허의 전자출원에 대해서 간단하게 소개하려고 한다.

특허를 출원하는 방법은 두 가지가 있다.

첫 번째는 우편을 이용해서 접수하는 방식이다. 특허 출원에 필요한 서류를 작성하고 프린트한 후 특허청에 보내면 출원이 된다. 이 방법은 서류가 특허청까지 도착하는데 시간이 걸리므로 선출원주의(먼저 출원하는 사람이 임자)를 따르는 우리나라에서는 불리한 상황이 생길 수도 있다. 거기다 우편은 오후 6시 이후나 주말 또는 공휴일에는 접수가 되지 않는다.

두 번째 방법은 특허청에서 배포하는 전자출원 프로그램을 이용해서 전자출원을 하는 것이다. 전자출원은 주말이나 공휴일과 상관없이 24시간 접수가 가능하며 어디서든 서류를 작성해서 인터넷에 올리면 간단하게 출원이 된다. 시간적인 여유가 부족한 사람들에게 추천하는 방법이다.

필자가 보유하고 있는 특허의 대부분도 전자출원을 이용해서 직접 출원한 것이다. 주말과 공휴일에 구애 없이 처리가 가능하니 무척 편리했다. 이렇게 편한 전자출원은 어떻게 할 수 있을까? 전자출원을 위해서는 특허청이 운영하는 사이트인 '특허로'에 방문해야 한다. 특허로 사이트의 주소는 아래와 같다.

www.patent.go.kr

그리고 전자출원을 하기 전에 아래와 같이 미리 준비해야 될 것들이 있다. 이 중 1번에서 3번까지는 모두 특허로 사이트를 통해서 준비해야 한다.

1) **특허고객번호:** 특허로 사이트에서 발급 신청을 하면 번호를 부여받을 수 있다. 개인이 한 번 특허고객번호를 등록하면 영원히 사용할 수 있다. 즉, 특허 세상의 주민등록번호 같은 것이다. 특허고객번호를 받기 위해서는 본인임을 증명하는 인감증명서나 서명이 필요하다.

2) **공인인증서:** 어떤 서비스이던지 정부기관의 프로그램을 이용하려면 반드시 필요하다. 특허의 실질적인 권리자인 출원인은 모두 공인인증서를 준비해야 하는데, 이 공인인증서를 특허로 사이트에 등록해야 이후 처리가 가능하다.

3) **전자출원 소프트웨어:** 전자출원을 위해서 반드시 필요한 프로그램이다. 명세서의 작성과 각종 서식 작성은 이 프로그램을 이용해서 진행한다. 사실상 특허 전자출원은 특허로 사이트를 이용해서 출원하는 것이 아니라 이 프로그램을 이용해서 출원하는 것이다. 특허로 사이트의 '출원신청'에 들어가서 '전자출원SW설치'를 클릭하면 설치할 수 있다.

4) **특허명세서:** 뒤에서 설명하겠지만 특허 명세서를 미리 작성해 놓으면 빠르게 출원할 수 있다. 전자출원 소프트웨어에 포함된 '통합명세서작성기'를 사용해도 되고, 다음 장인 명세서 작성법 소개에서 설명한 명세서 항목을 워드프로그램에 직접 옮겨서 작성해도 된다.

위의 네 가지 모두 준비가 되면 특허전자출원을 빠르게 진행할 수 있다. 특허로 사이트에 들어가 보면 특허전자출원에 관한 매뉴얼도 준비되어 있는데 이 매뉴얼을 따라서 진행해보면 그렇게 어렵지 않다. 뒤에서 설명할 명세서 작성에 비하면 이 특허전자출원은 그냥 프로그램을 사용하는 하나의 절차에 불과하다.

명세서 작성법

특허의 핵심은 특허 명세서이며, 명세서의 핵심은 '청구항'이다. 명세서의 작성은 청구항부터 시작하며, 청구항은 곧 출원인이 가져갈 특허의 권리 범위를 나타낸다. 사실 이 청구항을 제대로 작성하려면 꽤 많은 연습과 경험이 필요하다. 청구항은 독립항과 종속항으로 구별되어 있는데 그 특징은 아래와 같다.

독립항: 발명을 구현하는데 필요한 모든 요소가 들어가야 한다. 예를 들어서 지우개 달린 연필을 청구항으로 작성할 경우 '연필 + 지우개 + 지우개 고정장치'와 같이 필요한 모든 것을 넣어야 한다.

종속항: 독립항을 부연설명하는 청구항으로 청구항 시작부에 부연적으로 설명하기 위한 독립항의 번호를 기입해서 구분한다. 예를 들어 독립항이 1항이고 종속항이 2항이면 종속항의 시작은 '제 1항에 있어서'로 시작하게 된다.

그 외 명세서를 구성하는 항목은 3장에서 작성한 메모를 참고해서 기입하면 큰 도움이 된다. 아래에 명세서에 들어가는 항목과 메모법의 항목을 비교하여 정리했으니 참고하기 바란다. 메모와 매칭이 안되는 부분은 작성 방법을 간략하게 설명하였다.

1. **발명의 명칭:** 메모의 '아이디어 타이틀'을 넣는다.
2. **요약:** 청구항 1항을 문장으로 풀어서 작성하면 된다.
3. **대표도:** 발명을 한눈에 볼 수 있는 그림을 넣는다.
4. **특허청구의 범위:** 위에서 설명한 대로 작성한 청구항을 넣는다. 메모의 '문제의 해결방법'을 참고하여 청구항의 형태로 작성하면 된다.
5. **기술분야:** 발명의 원리를 요약해서 적으면 된다.
6. **배경기술:** 메모의 '문제의 정의'를 풀어서 작성하면 된다.
7. **해결하고자 하는 과제:** 메모의 '아이디어의 목적'을 간단하게 풀어서 작성하면 된다.
8. **과제의 해결수단:** 청구항을 문장으로 풀어서 작성하면 된다.
9. **발명의 효과:** 메모의 '아이디어의 목적'을 달성했을 때 얻게

되는 장점을 작성하면 된다.

10. 도면의 간단한 설명: 메모에 있는 아이디어 구성도에 대한 설명을 간략하게 적는 부분이다.

11. 발명을 실시하기 위한 구체적인 내용: 메모의 '문제의 해결 방법'을 상세하게 풀어서 작성하면 된다. 작성한 청구항을 여기에 옮기고 최대한 상세하게 작성한다.

12. 부호의 설명: 메모의 '아이디어 구성도'에 있는 각 부분에 대한 이름을 넣으면 된다.

13. 도면: 메모의 '아이디어 구성도'가 여기에 해당된다.

이제 이해를 돕기 위해서 간단한 명세서의 예시를 보여주고자 한다. 이 명세서는 가상으로 작성한 것이며 명세서의 각 항목이 어떻게 작성되었는지 자세한 설명을 포함했다. 앞으로 명세서를 작성할 일이 있을 때 참조하면 도움이 될 것이다.

한편 명세서에 쓰인 어투, 즉 문장의 말투가 처음에는 적응이 잘 되지 않을 것이다. 특허가 법률 분야에 속하기 때문인지 특허 전문가들은 대부분 이러한 형태의 문장을 사용한다. 그러나 사실 명세서는 누구나 쉽게 이해할 수 있는 문장으로 작성해도 문제가 없다. 특허의 목적 중 하나가 모든 사람에게 발명 아이디어를 공개하는 것이므로 원칙적으로는 누구나 이해하기 쉬운 문장으로 작성해야 한다.

IDEA

명세서 작성 예시: 날개 달린 메뚜기 로봇

날개 없는 메뚜기 로봇이 보편화 되어 있는 세상에서 날개가 달린 메뚜기 로봇이 개발되었다. 이 날개 달린 메뚜기 로봇의 개발 권리를 확보하기 위해서 특허를 출원하려고 한다.

1. 발명의 명칭: 날개 달린 메뚜기 로봇
⇒명칭의 경우 보통은 발명의 특징이 드러날 수 있게 작성한다. 그러나 특허 전략을 적극적으로 활용하는 기업들은 경쟁사의 검색을 대비해서 특징이 잘 드러나지 않게 이름을 붙이는 경우도 있다.

2. 요약
본 발명은 날개 달린 메뚜기 로봇에 관한 것으로서, 더듬이와 눈, 입이 배치되어 있는 머리와 한 쌍의 앞다리, 한 쌍의 중간다리, 한 쌍의 뒷다리가 연결되어 있는 가슴과 양 측면에 숨구멍이 있는 배가 연결되어 되어 있고, 가슴 부분에 한 쌍의 날개가 포함되어 있다.
⇒주어를 발명의 명칭인 날개 달린 메뚜기 로봇으로 해서 청구항 1항을 거의 그대로 옮겨서 작성한다.

3. 대표도

도 1

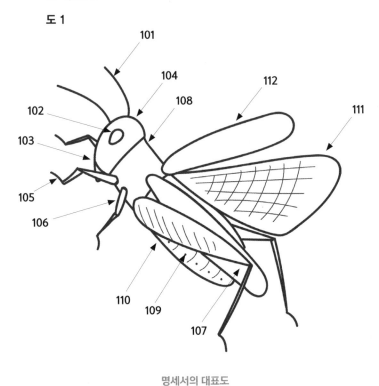

명세서의 대표도

⇒ 가능한 발명의 특징이 모두 나타난 대표적인 도면을 넣는다.

4. 특허청구의 범위

청구항 1

더듬이와 눈, 입이 배치되어 있는 머리와 한 쌍의 앞다리, 한 쌍의 중간다리, 한 쌍의 뒷다리가 연결되어 있는 가슴과 양 측면에 숨 구멍이 있는 배가 연결되어 되어 있고, 가슴 부분에 한 쌍의 날개가 구비되어 있는 것을 특징으로 하는 메뚜기 로봇

⇒독립항으로 메뚜기 로봇을 구성하는데 필요한 모든 구성을 포함시켜서 작성한다. 보편화되어 있는 구성의 경우에는 자세한 설명 없이 명칭으로만 넣어도 된다. 본 예시에서 메뚜기 로봇이 보편화 되어 자세한 설명이 불필요할 경우에는 '메뚜기 로봇에 있어서 가슴 부분에 한 쌍의 날개가 포함되어 있는 것을 특징으로 하는 메뚜기 로봇'으로 줄여서 작성할 수도 있다.

청구항 2

제 1항에 있어서

한 쌍의 날개는 투명한 비닐 소재로 되어 있고 접을 수 있는 것을 특징으로 하는 메뚜기 로봇

⇒독립항인 청구항 1의 상세한 부분(또는 추가되는 부분)의 설명에 해당되는 종속항으로 작성하기 위해서 시작 부분에 '제 1항에 있어서'를 넣었다. 이와 같이 어떤 항의 상세한 부분이나 추가되는 부분에 대한 청구항을 넣으려면 앞부분에 종속되기 위한 항의 번호를 넣으면 된다.

청구항 3

제 2항에 있어서

한 쌍의 날개 앞부분의 가슴에 한 쌍의 커버 날개가 구비되어 있고 접을 수 있는 것을 특징으로 하는 메뚜기 로봇

청구항 4

제 3항에 있어서

한 쌍의 커버 날개는 단단한 플라스틱 소재로 되어 있는 것을 특징으로 하는 메뚜기 로봇

5. 기술분야

본 발명은 가슴 부분에 날개를 달아서 하늘을 날 수 있는 날개 달린 메뚜기 로봇에 관한 것이다.

⇒기술분야에는 발명의 핵심을 간략하게 작성한다.

6. 배경기술

기존의 메뚜기 로봇은 풀숲이나 마른 땅에서 쉽게 뛰어다닐 수 있지만 다리가 없는 호수나 강은 뛰어서 건널 수 없다.

⇒기존 기술의 문제점을 적으면 되는데, 반드시 본 발명으로 해결할 수 있는 문제점을 적어야 한다.

7. 해결하고자 하는 과제

본 발명은 상술한 문제점을 해결하기 위하여, 메뚜기 로봇의 가슴 부분에 한 쌍의 날개를 추가로 구비하여 하늘을 날아서 뛰어서 건널 수 없는 호수나 강을 건널 수 있는 메뚜기 로봇을 제공하는 데 있다.

⇒ 본 발명을 이용해서 배경기술의 문제점을 해결하는 방법을 간략하게 적는다.

8. 과제의 해결수단

상기 목적을 달성하기 위한 본 발명의 날개 달린 메뚜기 로봇은 더듬이와 눈, 입이 배치되어 있는 머리와 한 쌍의 앞다리, 한 쌍의 중간다리, 한 쌍의 뒷다리가 연결되어 있는 가슴과 양 측면에 숨구멍이 있는 배가 연결되어 되어 있고, 가슴 부분에 한 쌍의 날개가 포함된다.

또한 본 발명에 따른 날개 달린 메뚜기 로봇의 한 쌍의 날개는 투명한 비닐 소재로 되어 있고 접을 수 있다.

또한 본 발명에 따른 날개 달린 메뚜기 로봇의 한 쌍의 날개 앞부분의 가슴에는 한 쌍의 커버 날개가 구비되어 있고 접을 수 있다.

또한 본 발명에 따른 날개 달린 메뚜기 로봇의 한 쌍의 커버 날개는 단단한 플라스틱 소재로 되어 있다.

⇒ 청구항 전체를 문장으로 풀어서 작성한다. 문장의 형식을 참조하라.

9. 발명의 효과

본 발명에 따른 날개 달린 메뚜기 로봇은 하늘을 날아서 기존에 뛰어서 건널 수 없었던 강이나 호수를 건널 수 있으며, 높은 곳에도 올라갈 수 있다는 장점이 있다.

또한 한 쌍의 커버 날개가 더 포함되어 있어서 하늘을 날지 않을 때 접혀 있는 날개를 보호할 수 있다는 장점이 있다.

⇒ 본 발명으로 얻을 수 있는 효과를 모두 작성한다. 효과를 많이 작성할수록 좋은 발명임을 입증할 수 있을 것이다.

10. 도면의 간단한 설명

도 1은 본 발명에 따른 날개 달린 메뚜기 로봇의 사시도

⇒ 명세서에 넣을 모든 도면들에 대한 설명을 간단하게 작성한다.

11. 발명을 실시하기 위한 구체적인 내용

이하, 첨부된 도면들에 기재된 내용들을 참조하여 본 발명에 따른 예시적 실시예를 상세하게 설명한다. 다만, 본 발명이 예시적 실시예들에 의해 제한되거나 한정되는 것은 아니다. 각 도면에 제시된 동일한 참조부호는 실질적으로 동일한 기능을 수행하는 부재를 나타낸다.

⇒ 명세서에 일반적으로 사용되는 문구이다. 명세서를 작성할 때 그대로 사용해도 된다.

본 발명의 실시예에 따른 날개 달린 메뚜기 로봇에 대하여 설명하기로 한다.

도 1은 본 발명에 따른 날개 달린 메뚜기 로봇의 사시도이다.

⇒ 설명할 내용을 참조하기 위한 도면에 대한 설명을 먼저 넣는다.

도 1에 도시된 바와 같이, 본 발명에 따른 날개 달린 메뚜기 로봇은 더듬이와 눈, 입이 배치되어 있는 머리와 한 쌍의 앞다리, 한 쌍의 중간다리, 한 쌍의 뒷다리가 연결되어 있는 가슴과 양 측면에 숨구멍이 있는 배가 연결되어 되어 있고, 가슴 부분에 한 쌍의 날개가 구비되어 있다.

⇒ 청구항 1을 그대로 풀어서 옮긴 것이다.

한 쌍의 날개는 가슴과 배가 이어지는 위치 근처의 가슴에 구비되어 있다.

⇒ 앞에서 작성한 부분에 대한 좀 더 상세한 내용을 넣었다. 구체적인 설명 부분에는 청구항에는 포함되지 않지만 자세한 내용을 최대한 많이 넣는 것이 좋다. 나중에 등록을 위한 심사과정에서 보완 설명이 필요할 경우 상세한 내용에서 해당 문장을 가져올 수 있다.

한 쌍의 날개는 투명한 비닐 소재로 되어 있고 접을 수 있다.

또한 한 쌍의 날개 앞부분의 가슴에는 한 쌍의 커버 날개가 구비되어 있고 접을 수 있어서, 하늘을 날지 않을 때는 날개를 접어서 배 위에 올려놓고 커버 날개를 덮을 수 있다.

또한 커버 날개는 단단한 플라스틱 소재로 되어 있어서 안쪽에 접혀 있는 한 쌍의 날개를 외부의 충격으로부터 보호할 수 있다.

본 발명의 사상은 설명된 실시예에 국한되어 정해져서는 아니되며, 후술하는 특허청구범위뿐 아니라 이 특허청구범위와 균등하거나 등가적 변형이 있는 모든 것들은 본 발명 사상의 범주에 속한다고 할 것이다.

⇒이 문장도 일반적인 청구항에서 사용되는 문구로 그대로 활용이 가능하다.

12. 부호의 설명

101 더듬이	102 눈
103 입	104 머리
105 앞다리	106 중간다리
107 뒷다리	108 가슴
109 숨구멍	110 배
111 날개	112 커버 날개

⇒도면에 있는 각 부분에 번호(부호)를 붙이고 여기에 번호에 해당되는 부분의 명칭을 적는다. 그래서 도면과 이 번호를 보고 도면을 이해할 수 있는 것이다. 청구항이나 상세한 설

명에 들어있지 않은 부분은 굳이 부호를 붙일 필요가 없다. 보통 번호는 세자리로 표기하며 제일 앞자리를 부분으로 구분하기 위해서 사용하기도 한다. 예를 들어 이번 예시에서 머리, 가슴, 배의 각 부분에 중요한 구성들이 있으면 머리에 붙어 있는 부분은 1xx로, 가슴에 붙어 있는 부분은 2xx, 배에 붙어 있는 부분은 3xx로 표기하는 것이다.

13. 도면

도 1.

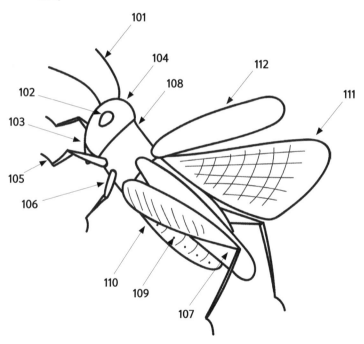

명세서의 도1

⇒도면의 번호와 해당되는 도면을 넣는다.

비록 가상이지만 '날개 달린 메뚜기 로봇'을 나만의 특허로 만들어보았다. 이렇게 메모한 아이디어들을 하나하나 특허로 만들어놓으면 뒤늦게 누군가 똑같은 것을 만들었을 때 그건 내 아이디어라고 자신 있게 말할 수 있다. 무엇보다 특허를 가지게 되면, 나의 아이디어를 다른 사람들에게 마음껏 광고할 수 있으니 사업을 위한 기회를 얻을 수도 있다.

최근 들어서 많은 사람들이 돈을 만들기 위한 일, 소위 '대박'을 위해서 유튜브나 스토어팜 등과 같은 다양한 방법들을 찾고 있다. 물론 이러한 서비스 플랫폼을 이용하는 것도 돈을 벌 수 있는 좋은 방법 중 하나이긴 하지만 도전하는 사람들이 너무 많아서 치열한 경쟁을 벌여야 한다.

이 책을 통해서 소개한 것과 같이 일상생활에서 문득 떠오른 아이디어로 인생을 바꿀 수 있는 새로운 기회를 만들 수 있다. 좋은 아이디어를 만들어내면 크라우드 펀딩으로 미리 사람들의 투자를 받을 수 있고, 사업계획서에 잘 녹여서 정부지원금을 받아 곧바로 사업을 시작할 수도 있다. 무엇보다 내가 생각해낸 아이디어를 이용해서 돈을 만든다면 그만큼 멋지고 보람된 일이 없을 것이다.

아이디어는 멀리 있지 않다. 늘 다니던 출퇴근길이나 가게에서 물건을 살 때, 세수를 하거나 요리를 하고 청소할 때 등과 같이 무의식적으로 반복하던 일상 속의 작은 불편함을 문제로 만들고 이를 해결한다면 그것이 바로 아이디어가 되고 빅히트 상품으로 이어질 수 있다.

당신도 아이디어로 인생 제 2막을 꿈꿔보면 어떻겠는가?

지금부터 당신의 주변을 살펴보고 생각하고 아이디어를 만들어보자.

당신의 생각도 돈이 될 수 있다.

#idea

무의식적으로 반복하던
일상 속의 작은 불편함을
문제로 만들고 이를 해결한다면
그것이 바로 아이디어가 되고
빅히트 상품으로 이어질 수 있다.
당신도 아이디어로
인생 제 2막을 꿈꿔보면 어떻겠는가?
지금부터 당신의 주변을 살펴보고
생각하고 아이디어를 만들어보자.
당신의 생각도 돈이 될 수 있다.

에필로그

시중에 다양한 자기계발 서적들이 나와 있다.《1만 시간의 법칙》,《메모의 힘》등 모두 저자들의 경험을 바탕으로 한 훌륭한 베스트셀러 서적들이다.

이 책들의 핵심은 많은 시간을 투자해서 연습하기, 잊어버리지 않게 메모하기, 익숙해질 때까지 반복하는 습관을 만들기 등 모두 자기계발을 위해서 실질적인 도움이 되는 방법들이다. 이렇게 나열해 봤을 때 어딘가 익숙한 느낌이 들지 않는가? 사실 이러한 방법들은 학창 시절에 공부를 할 때 사용했던 방식과 크게 다르지 않다. 우리는 매일 정해진 시간에 등교해서 자습을 하고 수업시간에 중요한 내용을 메모하고, 시험 전까지 문제집을 반복적으로 풀었다. 이 모든 과정들이 앞에 나온 책들의 핵심이다.

그러나 신기하게도 우리가 이미 무의식적으로 해오던 것들을 책으로 보니 그동안 몰랐던 새로운 지식을 알게 된 것 같지 않은가?

앞에 예로 든 책들에는 한 가지 공통점이 있다. 그것은 바로 책의 저자가 실천한 방법 그대로 독자가 책의 내용을 '실천'해야 의미가 있다는 점이다. 아무리 좋은 내용의 책을 많이 읽어도 실천하지 않는다면 아무런 의미가 없다.

이미 기존에 있는 이론과 책들을 통해서 창의력을 극대화하는 방법, 아이디어 생산법, 문제해결 방법 등을 숙지하고 그것에 익숙해져 있는 사람이 많을 것이다. 그러나 내용이 생소하거나 어렵게 느껴져 좋은 이론과 방법론을 접하고도 중간에 자신만의 아이디어 개발을 해보지 못하고 포기하는 경우가 많다. 왜 그럴까? 수학에 비유하면 많은 종류의 복잡하고 어려운 수학 공식과 내용을 배우기 전에, 어릴 때부터 사칙연산을 훈련하고 그것에 익숙해지게 연습해야 한다. 훈련을 통해 우리에게 습관처럼 익숙해져 있는 사칙연산은 우리 일상에서부터 고급 수학문제까지 어디에든 활용된다.

이 책에서는 아이디어 생성의 어려운 내용 이전에 가장 기본적이면서도 많이 쓰이는 아이디어 방법론을 소개하는데 집중했다. 지금까지 여러 루트를 통해 배운 아이디어 생산법을 어렵게 느꼈던 사람이라도 차근차근 내용을 따라가다 보면 어느새 REAMS를 따라 아이디어를 만들고, 발전시킬 수 있도록 만들었다. REAMS의 5가지 원리는 쉬우면서도 사칙연산처럼 아이디어를 만드는 과정에서 가장 많이 쓰이는, 기본 바탕이 되는 발명 원리다.

사실 하나의 아이디어를 생각해낸다는 것은 그렇게 간단한 일이 아니다. 생각보다 많은 연습과 정확한 이해가 필요하다. 당장 트리즈 이론을 예로 들면 현상을 분석해서 문제를 정의할 때 모순을 찾아내고, 에너지의 흐름과 장을 분석하여 그림으로 표현한 후, 40가지의 발명의 원리를 하나씩 적용해가면서 아이디어를 도출해 나가는 과정을 거쳐야 한다. 그 과정에서 아이디어를 도출해내지 못하면 76가지 표준 해가 나열되어 있는 표를 이용해서 다시 답을 찾아야 한다.

이 과정과 비교했을 때 REAMS는 복잡한 과정을 최대한 줄인 원리라는 것을 확인할 수 있다. 내 주변에서 흔하게 볼 수 있는 상황에서 문제를 발견하고, 이 문제의 원인을 찾아낸 후 문제의 대상이 되는 사물이나 현상을 각 부분으로 분리해서, 한 부분씩 제거해보거나 다른 좋은 부분과 바꾸어 보고, 더해도 본다. 그리고 재료를 바꾸거나 모양을 바꾸고 그림을 그려가면서 구체적으로 만드는 과정은 심플하다. 무엇보다도 여러분들은 이 책을 통해서 그동안 많이 봐왔던 익숙한 제품들을 대상으로 이 방법을 적용해서 발명원리와 문제 해결을 하는 과정을 전부 지켜보았다.

이제 책을 덮고 한 번 실천해보자. 문제는 여러분의 주변에 항상 있다. 일상생활에서 무심코 넘어갔던 행위와 일들을 좀 더 편하게 해보자는 목표를 가지고 의식해서 살펴보면 내 주위의 수많은 문제를 찾을 수 있을 것이다. 그렇게 찾은 문제의 원인을 '왜?'를 반복해서 찾아보고 REAMS를 하나씩 대입해가며 아이디어를 만들어 보자. 만들어진 아이디어는 그림을 그려서 조금씩 구체적으로 만들고 나중을 위해서 문제와 원인, 해결방안, 최종적으로 생각해낸 아이디어의 그림을 메모해보자.

처음에는 이 모든 과정이 익숙하지 않아서 이 책을 몇 번이고 다시 읽고 확인해야 할 수도 있지만, 여러 번 아이디어를 만들다 보면 자연스러운 하나의 과정으로 체득하게 될 것이다. 시간이 지나면 나중에 여러분이 만들어 낸 수많은 아이디어 메모를 모아 하나의 책으로 만들 수도 있고, 조이 망가노처럼 히트 상품을 만들어 낼 수도 있다.

이 모든 것의 시작은 바로 '실천'이다.

부디 읽고 지나가기만 하지 말고 한 가지씩 실천을 해보길 바란다. 아는 것은 힘이 되지만 실천 경험은 인생에서 가장 강력한 무기가 된다.

2019년 9월
구정민, 김기환

문득 떠오른 내 아이디어 돈이 될 수 있을까?

2019년 11월 5일 초판 1쇄 발행
2021년 9월 23일 초판 2쇄 발행

지은이 · 구정민, 김기환
펴낸이 · 박영미
펴낸곳 · 포르체

편   집 · 원지연, 류다경
마케팅 · 문서희, 박준혜

출판신고 · 2020년 7월 20일 제2020 - 000103호
전화 · 02 - 6083 - 0128 | 팩스 · 02 - 6008 - 0126
이메일 · porchetogo@gmail.com

ⓒ구정민, 김기환(저작권자와 맺은 특약에 따라 검인을 생략합니다)
ISBN 979 - 11 - 91393 - 01 - 9 03190